中国少数民族人口丛书

鄂伦春族

翟振武 主编

林盛中/著

中国人口出版社
China Population Publishing House
全国百佳出版单位

图书在版编目（CIP）数据

鄂伦春族 / 林盛中著 . —北京：中国人口出版社，2012.12（2022.7重印）

（中国少数民族人口丛书）

ISBN 978-7-5101-0546-3

Ⅰ. ①鄂…　Ⅱ. ①林…　Ⅲ. ①鄂伦春族—民族文化—中国　Ⅳ. ①K282.4

中国版本图书馆 CIP 数据核字（2012）第 047797 号

中国少数民族人口丛书　鄂伦春族

ZHONGGUO SHAOSHU MINZU RENKOU CONGSHU　ELUNCHUNZU

翟振武　主编　林盛中　著

责任编辑	魏小玲
美术编辑	刘海刚
责任印制	林　鑫　王艳如
出版发行	中国人口出版社
印　　刷	北京兴星伟业印刷有限公司
开　　本	710 毫米 ×1000 毫米　1/16
印　　张	8.75　插 1
字　　数	120 千字
版　　次	2012 年 12 月第 1 版
印　　次	2022 年 7 月第 2 次印刷
书　　号	ISBN 978-7-5101-0546-3
定　　价	38.00 元

网　　址	www.rkcbs.com.cn
电子信箱	rkcbs@126.com
总编室电话	(010) 83519392
发行部电话	(010) 83510481
传　　真	(010) 83538190
地　　址	北京市西城区广安门南街 80 号中加大厦
邮　　编	100054

中国少数民族人口丛书编委会

序

如果把一个民族比作一颗星星，那我们就是生活在一个繁星满天的世界。当今世界上有约3000个民族，分布在200多个国家和地区，绝大多数国家由多个民族组成。中国也是同样，是由各族人民共同缔造的统一的多民族国家。在漫漫的历史长河中，生活在中华大地上的各族人民密切往来、交流融合、团结奋斗、休戚与共，形成了一个伟大的强盛的中华民族大家庭，共同开发了祖国的美好河山，共同推动了国家的发展和社会的进步。

在中华民族的大家庭中，有56个成员，其中有55个是少数民族。新中国成立以来，少数民族人口一直持续增长。1953年第一次全国人口普查时，少数民族人口总数为3532万人，占全国总人口的6.1%。2010年进行第六次全国人口普查时，少数民族人口总量达到了1.14亿，几乎是1953年的3倍，占到了全国13.4亿人口的8.5%。各少数民族人口数量相差较大，如壮族有1693万人，回族1059万人，满族1039万人，维吾尔族1007万人，而赫哲族只有5354人，塔塔尔族3556人，独龙族6930人。中国各民族的人口分布呈现大散居、小聚居、交错杂居的特点。汉族地区有少数民族聚居，少数民族地区也有汉族居住；许多少数民族既有一块或几块聚居区，又散居全国各地。中国少数民族聚居区大都地广人稀，资源富集。少数民族地区的草原面积，森林和水力资源蕴藏量，以及天然气等基础储量，均超过或接近全国的一半。全国2.2万多公里陆地边界线中的1.9万公里在民族地区。全国的国家级自然保护区面积中民族地区占到85%以上，是国家的重要生态屏障。中国各民族的起源和经济、社会、文化的发展有着本土性、多元性、多样性的特点，五彩缤纷，丰富多彩。

要全面认识中华民族，就要从认识每一个民族开始。正是从这个理念出发，我们编写了这套《中国少数民族人口》大型系列丛书，力图从历史、文化、经济、社会等各个方面，用准确、科学、生动的语言，全方位描述和展现各少数民族灿烂辉煌的历史和现状，编织出一幅绚丽多彩的中华民族大家庭的“全家福”。

编写这样一套大型系列丛书，难度非同一般。几经论证和深入研讨，最终形成了编写大纲，这套丛书各个分卷的作者绝大多数由少数民族作家担任，他们不仅熟悉自己民族的历史和文化，而且对本民族有深厚的感情。在国家新闻出版总署、国家人口计生委和中国人口出版社的大力支持下，作者们历经数年，几易其稿，终成此书。值此丛书出版之际，我们衷心地祈愿这幅“全家福”能为民族的交流和团结，为中国的文化建设，为整个中华民族的繁荣昌盛，作出一份微薄的贡献。

翟振武

2012年5月于北京

PREFACE

Every nationality sparkles like a star in the firmament. Now we have about 3000 stars distributed across the world in more than 200 countries, most of which are multinational. So is China, which consists of a number of nationalities. For centuries, all the nationalities have lived together, worked together and fought together, making China a prosperous unified multinational country.

Of all the 56 nationalities in China, 55 are minorities whose population has been increasing since the founding of The People's Republic of China. According to the first census in 1953, the minority population was about 35.32 million, accounting for 6.1 percent of China's total population. By 2010, the number had almost tripled. According to the sixth census, the population of the minorities amounted to 114 million, making up 8.5 percent of the 1.34 billion people in China. The population size of minority groups varies a lot. Some of them have a large population, for example, the Zhuang Nationality has a population of 16.93 million; the Hui has 10.59 million people and the Manchu consists of 10.39 million people. Some of the minorities are quite small, such as the Hezhe, the Tatar and the Drung nationalities, which have populations of 5354, 3556 and 6930, respectively. China's nationalities live together over vast areas with some living in individual, concentrated communities in small areas.

Some minorities'concentrated communities are scattered among the Hans, and some Han people also live in the minority communities. Some minorities may have one or more concentrated communities, while their people spread all over the country. Most minorities'concentrated communities have their people sparsely distributed in large areas with abundant resources. The grassland, forest, water and natural gas reserves in areas inhabited by minority people account for about half of China's total. Further, 19 000 kilometers of the nation's 22 000-kilometer land boundary are in minorities'communities. In addition, 85 percent of the country's state-level natural reserves are in the minority areas, making the people important guardians of China's ecology. Each of the nationalities'origin is unique, and their development of economy, society and culture is full of variety.

Only by learning every aspect of the minorities'lifestyle can we have a comprehensive understanding of the Chinese nation. Under this notion, we write this series of books on the Population of China's Minorities to provide a detailed picture of our Chinese nation, with the glorious past and prosperous present of the country's minorities.

It is through trials and tribulations that we write this spectacular series of books. Most of the authors, who have profound knowledge of the minorities and wrote the books with their strong emotions, are members of minority groups. With the great support of the National Publication Foundation, the National Population and Family Planning Commission and China Population Publishing House, the authors completed the books after years of unremitting endeavor.

On the publication of this series of books, we are looking forward to seeing these books contribute to the unity of the Chinese nation and help our country flourish in the future.

Zhenwu Zhai

Beijing

May 2012

目录

Contents

综述

走进鄂伦春族

在56个民族组成的中华民族大家庭中，鄂伦春族是一个小兄弟，她像一朵蓓蕾初开的鲜花，盛开在中国北方神奇的大小兴安岭山地密林中，她同其他北方民族共同创造了独具特色的黑土与白桦相融的东北文化圈。

鄂伦春族是全国人口稀少民族之一。1953年全国第一次人口普查时仅有2000多人，到2010年全国第六次人口普查时，总人口达到8659人。

一

鄂伦春族的历史，是一部用鲜血和泪水写成的艰难、悲壮的史诗。新中国成立前，鄂伦春族是一个以散居游猎为生的民族，人口经济社会发展十分缓慢，处于原始氏族公社的末期，过着一人、一马、一条枪、兽皮作衣、兽肉为食、经常迁徙的游猎生活，被称为“北半球”渔猎民族的活化石。

在漫长的历史岁月里，鄂伦春族饱经了封建统治阶级的残酷剥削和沙俄殖民主义者、日本侵略者的血腥屠杀，生存环境恶劣，患病无医，死亡甚剧，人口总量呈萎缩型发展，到新中国成立之初，人口仅存 2251 人，整个民族濒临灭绝的边缘。

1953 年，在欢庆中华人民共和国成立 4 周年的礼花点燃之际，鄂伦春族在党和政府的感召下，走出深山老林，下山定居。从此，鄂伦春族真正获得了新生。党和政府关心鄂伦春族的生产和生活，投资新建房屋、修筑道路、兴办教育、防病治病、发展生产，精心医治鄂伦春族的身心创伤，经过 60 年的休养生息，人口在数量上有了补偿性增长，民族整体素质明显提高。

新中国的成立把一个灾难深重、遍体鳞伤的民族从历史的泪河中救出，从原始社会一步跨入社会主义社会，这种神奇般的变化，是鄂伦春族几代人梦寐以求的向往与渴望，中国共产党领导的人民政府帮助鄂伦春人实现了梦想，驱散了笼罩在他们头上的最后一块乌云，望见了一片蓝天。改革开放加快了鄂伦春族地区经济社会发展，让鄂伦春人享受到了发展成果，过上了幸福美满的小康生活。

二

中国北方是一片神奇的土地，大小兴安岭独特的地理、气候条件构筑起资源丰富的生态环境，养育了一代又一代的鄂伦春人，而且在兴安山地、黑龙江、嫩江河畔留居至今，成为中国古代北方民族原生态文化坚定的守望者。

历史上鄂伦春人主要从事狩猎、采集和捕鱼生产。大小兴安岭茂密的原始森林和丰沛的江河为鄂伦春人提供了丰厚的渔猎资源，让他们形成了独具特色的渔猎经济和传统的渔猎文化。

渔猎经济是人类历史上最古老的一种经济模式，以获取自然现有生物物种满足身体能量需求。这种生产方式使鄂伦春人在生产关系上长期保持着共同出猎，平均分配猎物的生活方式，带有浓重的原始公社性质。

鄂伦春人这种原始类型的集体生产和分配上的均等化，培育了原

渔猎经济

生态文化，他们祈盼山神恩赐猎物。因此，山林成为鄂伦春人的依托，就像汉族农民依靠土地一样。原生态文化把鄂伦春人锁定在兴安山地的茂密林海之中，从衣食住行到娶妻生子，几乎所有的生产生活资料都来自于大自然、来自于大小兴安岭，所以，除了山林别无选择。在他们的思维领域里，从来没有迸发出征服和改造山林的火花，而是寻求怎样融入山林，获得山神的保佑，于是神灵从天而降，各路神灵走进鄂伦春人的生产生活，形成了狩猎生产和日常生活的许多禁忌。随着社会的发展进步，虽然许多禁忌被发展的脚步踏开，但还是有所保留和传承，成为了珍贵的民族文化遗产。

鄂伦春族原始狩猎经济和文化的发展，是在居住周边的汉族兄弟影响下，逐步发生变化的。清朝政府在鄂伦春族地区设置统治机构后，鄂伦春族与达斡尔族、满族、汉族的交往日渐频繁。据《鄂伦春民族人口》书中记载，早在1869年，有10多名鄂伦春人在墨尔根城附近开始耕种农田，到1888年（光绪十四年）毕拉尔路的鄂伦春人在奇克、车陆、马浪沟等地建房种地。这里土地肥沃，气候适宜，背靠山场，与汉族人口混居。1912年民国政府为了“抵御外患”和“荡平内乱”，对鄂伦春族强制推行“弃猎归农”的政策。1915年又颁布了《生计地移垦章程》，计划5年内由鄂伦春人开垦荒地30万亩，同时还拨款建房，购置牛马农具和籽种。民国政府的“弃猎归农”政策得到部分鄂伦春人的响应，首先是库玛尔路—瑷珲—哈尔通一带和毕拉尔路—车陆一带的鄂伦春人开始动作，建房开荒，购置农具种地。当时，鄂伦春人主要采取三种形式：一是以猎为主，以农为副，只种菜田不种大田；二是自己出围狩猎，雇人种地；三是以经营农田为主，农闲狩猎。

鄂伦春族生产和生活方式的变化，首先对婚姻产生了影响，在鄂伦春族上层人物中，有人开始雇用汉族、满族、达斡尔族人做长工或短工，有的鄂伦春人与汉族人合伙经营土地。在这样的生产关系下，鄂伦春族女性与汉族男子开始有了接触，有些汉族男子为了垄断鄂伦春民族地区的商品，排挤同行，便娶鄂伦春族女子为妻或纳妾，借以攀上鄂伦春族头面人物，实现资本扩张的目的。1916年呼玛县汉族大商人谭玉善、李金泰在山居久，皆娶鄂伦春族女子为妻，并恳请纳入鄂伦春人旗佐。由于上层人物率先垂范，所以对普通猎民也限制不严，鄂汉两个民族通婚的障碍被破除。

鄂伦春族传统婚姻的变化，促进了鄂汉两个民族文化的融合，使得鄂伦春族语言词汇量增加，生产和生活技能日渐拓展，在原生态文化中植入了汉族传统农业文化的元素。

三

鄂伦春族是一个信仰虔诚的民族。萨满文化是鄂伦春族原生态文化的核心。鄂伦春族是虔诚信奉萨满教的民族之一。萨满教是一种起

源最早、持续最久远的原始宗教文化。萨满教对鄂伦春族的心理素质、文化习俗、观念信仰、价值取向等诸多方面的影响是巨大的、深刻的、久远的。

“萨满”，有人解释为“天使”。鄂伦春人把“萨满”理解为能够与神灵沟通联系的人，是神灵的附身附体，是鄂伦春人看得见、摸得着的神灵。

萨满教的核心是“万物有灵，多神崇拜”。在原始采摘和狩猎经济时代，变幻莫测的自然界开启了人类想象的空间，使人类在驱邪避凶、逢凶化吉的本能中产生了畏与敬的思想意识。鄂伦春人对“万物是天所生”、“万物赖地以长”、“天之灵在天上”、“树之灵在树中”、“山水之灵在山水之间”、“世间万物由‘神灵’操控”坚信不疑，于是崇拜各种神灵，敬重神灵，把命运和希望寄托于神灵。

萨满文化在鄂伦春族传播最为普遍，最为突出的是萨满跳神治病。当人畜患病时请“萨满”医治。“萨满”往往伴随激昂的鼓声、高亢的神歌跳起炫目的舞蹈，然后“萨满”与神灵对话。

萨满跳神

萨满文化在鄂伦春族中延续传承几千年，如今在现代化和城市化进程的冲击下已经渐渐走向消亡。但是从萨满文化遗存下来的器物和相关记载中，人们依然可以看到她往日的辉煌。

萨满文化以器物形态传承的有萨满服饰、萨满鼓、崇拜物、祭祀用品等。萨满服由鹿皮、狍皮和丝绸缎等面料制成，作为萨满教意识形态的形象化载体，充分展示了超凡力量的自然神和萨满神功的威力。

萨满鼓在鄂伦春族被称为“文吐文”，它是用狍皮或犴皮制作的直径约50厘米的圆形单面鼓。萨满鼓是萨满获得灵感和力量的助力器，它用鼓语实现人与神灵对话，把萨满和神灵的信息接通，类似信息时代的“信息采集、加工、传输和反馈系统”，搭建起天界、人界、地界的信息共享平台。

萨满文化的非物质传承，主要是关于萨满的神话和故事传说。因为鄂伦春族没有文字，只有语言，所以萨满文化传承只能依靠代际间的口口相传，以保持这条文化链条的延续。

萨满文化传承人大都是萨满当事人。萨满不仅是神的祭司、看病的郎中和占卜者，而且也是民间口头诗歌艺术发明者、词曲作家、民族希望和幻想的设计师，萨满在文化传承中所作出的巨大贡献难以用文字所概括。

没有文字的文化传承是高难度的。随着萨满文化兴旺历史的远去，现代文化的快捷传播和广泛覆盖，萨满文化濒临消亡，许多鄂伦春族有识之士发出呼吁并身体力行，抢救民族文化精髓。生活在大兴安岭地区的关家三姐妹——关金芳、关金芬、关金红就是组织抢救鄂伦春萨满文化的传承者。现任大兴安岭地区红十字会常务副会长的关金芳，是鄂伦春族最后一个萨满关扣妮的侄女。关家三姐妹出身萨满世家。父亲关伯宝是知名的萨满，1953年下山定居，他第一个脱掉了萨满服，加入了中国共产党，关金芳在姑妈的影响下，加深了对萨满文化的理解，萨满文化是一种精神寄托和凝聚的力量，在新的历史时期，用传统的萨满文化表现形式，注入时代元素，表现和弘扬主旋律，讴歌鄂伦春族新生活，在白银纳乡工作期间组建了鄂伦春民间艺术团。她自己作词作曲，设计编舞，整理创作鄂伦春族民间歌曲500多首（部）。

逊克县新鄂乡78岁老人莫宝凤荣获了非物质文化传承人的称号，她自幼能演会唱，不辞辛苦整理鄂伦春民族语言，与本乡鄂伦春族画

家陈金来合作，她口述，陈金来挥笔作画，两幅反映鄂伦春族文化的长卷问世：一幅是“嘟鲁河山泉水的传说”，反映鄂伦春族用山泉神水治病，长 60 多米；一幅是“毕拉尔鄂伦春萨满神谱”，反映萨满文化传奇，长 19 米。莫宝凤的妹妹莫萍琴是黑河艺术剧院原生态民族独唱演员，她自幼喜欢山林，骑马放歌，多次参加哈尔滨之夏音乐会和全国少数民族歌手大赛，20 岁被黑河民族歌舞团选作独唱演员，现今到了退休年龄，她又返回眷恋的大山，对林海松涛高歌。她准备给姐姐当助手，把萨满文化传承久远。

值得庆幸的是，对鄂伦春族历史文化的抢救已经由个人的热望转变为政府的积极动作，在内蒙古自治区的鄂伦春自治旗，政府专门设置了“鄂伦春民族研究会”，有专职工作人员，有专项研究经费，有专门研究阵地和交流平台，形成了以鄂伦春族学者为核心、国内外学者参与的研究团队。在鄂伦春自治旗建旗 60 周年喜庆之时，“鄂伦春民族研究会”献上了“鄂伦春族百年实录”、“鄂伦春族发展研究”等文化厚礼。

四

鄂伦春族是一个英勇不屈的民族。自从 17 世纪中叶开始，沙皇俄国殖民主义者的野心不断膨胀，魔爪伸向了我国黑龙江流域的广大地区。身居山林之中以游猎为生的鄂伦春人，受命于祖国危难之时，他们勇敢强悍，能骑善猎，充分发挥出熟知地形、地貌和不畏强暴的优势与品格，青壮年组成精兵强将，与清军配合，参加了震惊中外的雅克萨保卫战、海兰泡惨案、卡伦山争夺战等 200 多场大大小小的战役。成百上千的鄂伦春民族英雄为捍卫祖国领土完整和中华民族尊严战死疆场。

1931 年“九一八”事变后，日本侵略者入侵我国东北，随后不久侵入到鄂伦春民族地区。日本侵略者为了降服鄂伦春人，采取“弃猎归农”、组织“山林队”、鼓励吸食鸦片等办法，束缚和残害鄂伦春人。

有压迫就有反抗。鄂伦春人不甘做日本侵略者的奴隶和帮凶，奋起反抗。许多鄂伦春族头领带领猎民加入抗联游击队直接参加抗日战斗，为抗联提供枪支弹药、衣物和粮食、传送情报。烈士的鲜血染红了兴安枫叶，可歌可泣的动人故事世代传颂。

鄂伦春族身居山林，远离县城，交通闭塞，生活条件极其艰苦，患病无医，特别是大型传染病突发，令萨满束手无策，眼巴巴地看着瘟神夺走鄂伦春人的生命。历史上鄂伦春民族地区曾经发生了十几起大型的传染性疾病，疫情像瘟神一样迅速传播蔓延。据《中国鄂伦春民族社会历史调查》记载，1905 年，甘奎地区因天花死亡 218 人，托扎敏地区因麻疹死亡 84 人；1930 年，甘奎地区因麻疹死亡 40 人，托扎敏地区死亡 46 人；1938 年诺敏地区因肠伤寒死亡 98 人，其中有 6 户全部死亡。

鄂伦春人没有被疾病吓倒，在最艰难的时候，他们手挽手、肩扶肩，在“莫昆达”的指挥下，能爬上马背的，咬着牙进山打猎、采药，把打到的猎物和采来的草药，分送到有病人的家中，抢救活一个个生命。

在外来侵略者的屠刀下，在杀人不见血的瘟神软刀子下，鄂伦春人没有屈服，他们以顽强的斗志和拼搏精神，一路冲杀而过，用生命和鲜血驱散了头上的乌云，迎来了东方黎明的曙光。新中国成立，鄂伦春人见到了太阳，感受到了中国共产党带来的温暖阳光，从此过上了丰衣足食的生活。

五

鄂伦春族是一个充满希望的民族。新中国成立后，鄂伦春人经过 60 年的休养生息，发展建设，鄂伦春民族地区发生了翻天覆地的变化。

国家颁发《野生动物资源保护法》后，鄂伦春人放下手中的猎枪，铸剑为犁。改革开放之初，家家承包土地。进入新世纪，鄂伦春民族地区加快了土地流转，实行规模经营，土地开始向种田大户集中，一个个现代家

庭农庄如雨后春笋般建立起来，他们辛勤耕耘，五谷丰登，收获希望。

在黄金古道上开辟第二战场。改革开放把鄂伦春人推向了市场，他们根据市场需求变化，调整产业结构，通过种植、采摘、养殖、加工多业并举，应对市场变化，把原生态绿色农副产品推向市场，把黄金古道与现代都市连接在一起。优越的地理位置为千百万人“找北”提供了机遇。天然氧吧，迎来男女老少争先恐后到密林深处呼吸负氧离子，神奇的萨满文化吸引数以万计的探秘者纷至沓来，民俗风情旅游已经成为鄂伦春民族地区支柱产业。

鄂伦春民族地区经济社会快速发展，推进了城镇化进程。城市生活方式进入了普通鄂伦春族家庭，电视、冰箱、电脑、洗衣机、家庭影院、摩托车、汽车已不足为奇。鄂伦春人的居室向高雅别致看齐，小居室、大方厅、开放式厨房成为时尚。

年轻一代鄂伦春人的理想追求、恋爱方式、衣着审美、婚姻形式都发生了深刻变化，展示人生价值成为自我发展的动力，有文化、懂技术、会经营成为男女青年择偶的重要标准。

现如今，鄂伦春人正豪情满怀欢庆鄂伦春自治旗建旗60周年，迎接定居60周年庆典的到来。他们用辛勤的汗水铺就了黄金古道，用勤劳的双手打造了塞外明珠，用智慧的大脑谋划了现代农庄，张开热情的双臂拥抱各族兄弟，从兴安密林中传出了鄂伦春族发自肺腑的呼唤——

朋友，
到兴安密林去寻找“仙人柱”的踪迹，
骑上鄂伦春的“宝马”，
丈量古老、淳朴民族祖居的边际。
朋友，
从北京登机在“北极”安全落地，
从各地乘上新空调软卧，

在漠河、塔河、黑河、阿里河相聚。
看一眼鄂伦春铸剑为犁，
拓展种植、养殖、加工业，
科学发展创造的奇迹。
到天然氧仓吸一口新鲜空气，
告别喧闹的都市，
感悟低碳生活的气息。
听一首兴安赞歌优美的旋律，
跳一曲激情憧憬的萨满舞蹈，
点燃远古与现代文明相融的火炬。
朋友，
兴安山地搭起直上九天的云梯，
投资、经商、建厂、办学……
企盼为鄂伦春民族地区发展给力。
朋友，
56 个民族的大家庭都是亲兄弟，
高高的兴安岭，清清的“两江”水，
跳跃高呼——
中华民族都是亲兄弟！

第一章

民族起源和变迁

说起鄂伦春族，不少人都能哼上几句民歌：

高高的兴安岭一片大森林
森林里住着勇敢的鄂伦春
一呀一匹猎马一呀一杆枪
獐狍野鹿满山遍野打不尽
……

第一节　密林深处有人家

鄂伦春族在黑龙江省北部和内蒙古自治区东北部的大小兴安岭留居至今，是中国古代北方民族文化的守望者之一。

一、与深山老林相伴

鄂伦春族作为典型的森林民族，世世代代居住在黑龙江流域，大、小兴安岭上。那里山峦连绵逶迤，山谷纵横，满山遍野被森林覆盖，河流密布。在密林深处，一缕缕炊烟缓缓升起，那便是鄂伦春人生活的地方。

关于鄂伦春族的起源传说甚多，因为鄂伦春族只有语言，而没有

林中百姓

自己的文字，所以，只能依据鄂伦春族保存下来的古老生产方式和生活方式，对照我国汉族文献中有关古代东北地区各族的记载加以考察。目前，在学术界至少有两种说法，一种是从语言和生活地域的视角研究认为，鄂伦春族起源肃慎；另一种从生活习俗、活动地域的视角研究认为，鄂伦春族为室韦人的后裔。但无论从哪个视角，比较统一的认识是，鄂伦春族的起源及其演变的踪迹无不与深山老林有关。

坚持鄂伦春族的祖先为室韦人的观点认为，鄂伦春族的起源，大约可以追溯到公元 386 年，在贝加尔湖地区和黑龙江上游一带，居住着我国室韦部落。室韦部落中有许多分支，据《北史·室韦传》记载，室韦分南室韦、北室韦、钵室韦、深未恒室韦和大室韦五个分支。其中大室韦居住在雅克萨一带。据《旧唐书》中记载："其北大山之北有大室韦部落，其部落傍望建河居。"这里所说的大山是伊勒呼里山，望建河则是黑龙江。

有人考证大室韦人就是鄂伦春族的祖先。大室韦在今额尔古纳河口以东，外兴安岭以南，黑龙江以北地区。这个地区正是鄂伦春族早

期生活的地区。在《魏书》、《北史》、《新唐书》、《旧唐书》、《契丹国志》等书中，对室韦部落有一系列描述："气候最寒，雪深及马"，"多草木、饶禽兽、又多蚊蚋"，"气寒田薄"，"生产为渔猎"等都与鄂伦春族的原生态经济、文化、环境一致。

在新近出版的《鄂伦春族简史》中，对鄂伦春族的起源有了明确的解释，认为，钵室韦可能与鄂伦春族有着某些渊源关系，其依据是，当时围绕吐纥山（今小兴安岭）一带，生活着一种居住土穴的北室韦人，由此北室韦再北行一千里可以到达钵室韦。钵室韦依胡希山而居①，胡希山即位于今黑龙江以北西林木迪河（俄罗斯昔林扎河）源的雅玛岭。1858年不平等的《中俄瑷珲条约》将鄂伦春族赶回黑龙江右岸，离开了早年居住和生活的地域。

《鄂伦春族简史》认为，钵室韦与北室韦有许多相似之处，比如在经济生活方面"饶獐鹿，射猎为务，食肉衣皮，凿冰没水中而网取鱼鳖"，"皆捕貂为业"。这种渔猎经济也正是最初鄂伦春族维系生存的主要经济生活来源。在使用交通工具上，室韦人经常使用滑雪板，所谓"骑木而行，俗即止"，这种交通工具鄂伦春族也曾经广为使用。但是，钵室韦与北室韦人最重要的区别是居住方式上的差异，即北室韦人是"居土穴"，而钵室韦是"用桦皮盖屋"。所以从地域和居住方式上考察，鄂伦春族是当时散居于黑龙江北岸广大地区的钵室韦中的一支。

总之，有一个不争的事实，鄂伦春族与深山老林有着不解之缘。所以元朝统治者称鄂伦春族为"林中百姓"。

二、族称之说

"鄂伦春"这个名称是由"鄂伦"和"春"两个词组成，"鄂伦"

---

① 李延寿．北史·室韦传．中华书局，1974：3130.

在鄂伦春族语言中解释为山岭或驯鹿的意思，“春”在鄂伦春族语言中为“村落”或“村庄”的意思。由此认为，这一名称有两种含义：即住在山岭上村庄里的人和使用驯鹿的人。在鄂伦春族老年人中，普遍说法是山岭的意思，因为鄂伦春人称山岭为“奥论”，“奥论”与“鄂伦”两音基本相同，加之鄂伦春族近几百年已经不再饲养和使用驯鹿，所以普遍用山岭上来解释族称。

“鄂伦春”这一名称，始见后金天命元年（公元 1616 年），传说是由官府命名的，意为“归顺的人”。这种传说可以在《圣武记》中得以证实。据《圣武记》中记载：“天命元年（公元 1616 年）清朝招抚黑龙江南岸诺罗路”。“诺罗路”即鄂伦春的谐音。清初历史中，一般都把鄂伦春混称“索伦”，直到康熙年间，方有明确的“鄂伦春”字样出现。当时，鄂伦春人愿为清朝政府征兵服役，清政府为了将他们区别于居住在嫩江上游的索伦民族，才给他们起个“鄂伦春”的名称。

据鄂伦春老人讲，“鄂伦春”一语，有三种含义：其一，山岭上的人们。这是因为鄂伦春人称山岭为“吾惹”。满族人称山岭为“阿林”，“吾惹”与“阿林”其音都与“鄂伦”相近；其二，使用驯鹿的人们。这是因为“鄂伦”即鹿名，鄂伦春过去使用驯鹿；其三，归顺的人们。这是因为鄂伦春人归顺了清朝，满语中把归顺说成“奥伦千”，后来根据“奥伦千”的谐音，逐渐演变为鄂伦春的。

但是，有关鄂伦春族的名称，还是到了清朝方有详细的文字可见。在清朝崇德五年三月己丑（1640 年 4 月 28 日）是以“俄尔吞”出现的。以后在康熙年间的上谕和奏折中，将其称为“俄罗春”、“俄林春”、“俄伦春”，均为同音异字，以后的文献统一写为鄂伦春。

总之，鄂伦春族是我国北方古老民族之一，有着悠久的历史和特殊的民族经历。

第二节　鄂伦春人的生态环境

鄂伦春族居住在我国东北的大小兴安岭地区，境内森林茂密、植被多样，至今原生态的印迹仍清晰可见，是我国东北、乃至华北地区重要的生态屏障。

一、最大的氧仓

走进绿树花丛环绕的鄂伦春族村落，刹那间就会感到有一股清新的空气扑面而来，让人张大嘴巴，贪婪地、不停地呼吸，甚至会赞不绝口。鄂伦春族居住的地方是全国最大的、天然的制氧工厂。

巍巍的大兴安岭由东北向西南，横贯黑龙江省和内蒙古自治区境内，平均宽200～300公里，海拔1000～1400米。西麓多波状丘陵，东坡略陡，河网密布，甘河、阿里河、奎勒河、诺敏河等大小河流汇

氧　仓

入嫩江，河流湍急。这些河流将大兴安岭山地切割成诸多峡谷，在峡谷之间形成面积不等的盆地。山上生长着兴安落叶松和樟子松等针叶树种。山间是白桦、黑桦、柞树、白杨等阔叶树种，山底盆地多为沼泽湿地，江河岸边生长着红毛柳。盛夏，郁郁葱葱。深秋，万紫千红，层林尽染。

小兴安岭自伊勒呼里山脉向东南延伸，直抵松花江畔，海拔在600～1000米，大部分是300～500米的丘陵或洪积台地。呼玛河、宽河、法别拉河、逊河等大小支流，从西向东注入黑龙江。小兴安岭主要生长着红松。国家森林公园伊春市素有“红松之都”的美誉。小兴安岭植被除红松之外，还生长着鱼鳞松、杉松、冷松和黄花松等针叶树种。阔叶树以桦树、榆树、柞树为主。

大小兴安岭林业用地面积2483.95万公顷，占全国的8.7%；有林地面积2118.28万公顷，占全国的12.1%；活立木蓄积17.72亿立方米，占全国的13%；森林覆盖率达64.6%。

森林作为地球上最庞大、最复杂的陆地生态系统，重要的功能是固碳释氧、稳定大气成分和调节气温。据专家研究，黑龙江和内蒙古自治区北方森林地下部分碳储量高达约300Pg——相当于大气中CO_2总量的50%，吸收二氧化碳上亿吨，因此，林区空气中的负氧离子要比其他地区高出几百倍，甚至上千倍。

鄂伦春族生活在最大的氧仓里，令人羡慕和向往。

二、遍及山间峡谷的沼泽湿地

在鄂伦春族居住地区，由于河网密布，多河谷，诸河流两岸和山间峡谷地带形成大面积河流湖泊和沼泽湿地。湿地是地球之肾，具有调节气候，涵养水源的作用，是自然生态平衡不可或缺的重要元素。鄂伦春民族地区面积较大的湿地主要分布在嫩江两岸及支流甘河、阿

里河、奎勒河、诺敏河等河谷两岸，黑龙江支流呼玛河、逊河、沾河等周边湿地面积约 100 万公顷，占黑龙江省湿地面积的 19.6%；小兴安岭和东部长白山湿地面积为 115.51 万公顷，占黑龙江省湿地面积的 26.6%。

三、婀娜多姿的雪树银花

鄂伦春族居住地区属于寒温带大陆季风气候，受内陆及海上高低气压和季风交替的影响，四季气候变化显著。春季干旱多风，日照充足；夏季短暂温凉，多雨；秋季气温骤降，霜冻早，冬季漫长严寒。

严冬，是鄂伦春人出围打猎的喜庆季节。每年 10 月末到翌年 3 月底平均气温在－20℃左右，－30℃低温可持续 80～110 天，最低温度在－40℃以下，极端的低气温曾达到－48℃（甘河，1960 年 1 月 17 日）。冬季降雪的天气多，积雪最深可达 33～47 厘米。林间山地白皑皑的大雪便成了鄂伦春人追击猎物的天然“向导”，有经验的猎手用手指探一

雪树银花

探雪中的印迹，便可知道是哪种野兽，经过了多长时间，而且会在什么地方歇息，猎人码着野兽留在雪地中的印迹，跟踪上去，用不了两袋烟的工夫，野兽便成了囊中之物。

严冬，鄂伦春族村落被冰雪覆盖，一片银白，绿色林海变成了雪树银花。大雪压青松，青松更刚阿。挺立巍然的青松像一排排、一行行威武的战士，身穿绿色军装披着白色斗笠，站立在兴安前哨，守候着祖国的山门。雪树银花不仅装扮了鄂伦春族地区独有的风情，而且培育了鄂伦春族不畏艰险、吃苦耐劳、敢于战胜严寒的坚韧品格。

四、旅游观光的好去处

在鄂伦春族居住地区不仅有独特的民族风情让人流连忘返，更有原生态的自然景观会牢牢地吸引住游人的眼球。

（一）人间仙境——嘎仙洞

嘎仙洞位于鄂伦春自治旗阿里河西北 9 公里。1980 年 7 月在这里发现了鲜卑祖先长期居住的旧墟石室，确凿无疑地证实了这里是鲜卑民族的发祥地，距今已有 1540 多年的历史。

鲜卑，是我国古代北方民族，属东胡的一支。他们的祖先最初居住在这个地区。后来南迁到黄河流域，于公元 386～534 年，统一了黄河流域，从而加快了各个民族人民融合的步伐，促进了多民族国家的统一和发展，为后来步入隋唐盛世，形成光耀世界的盛唐文化高峰奠定了基础。

1980 年 7 月 30 日，在嘎仙洞内发现了北魏太平真君四年（公元 443 年）的石刻祝文。这是北魏太武皇帝拓跋焘派大臣李敞来这里祭祖时，刻在洞内石壁上的祝文。其内容与古代历史文献《魏书》上记载的基本一致。

嘎仙洞南北长 90 多米，东西宽 20 多米，高 20 多米。与《魏书》

所记载的石室规范相符。石刻祝文距洞口以内 15 米处的左侧石壁上，高与视平线相齐，竖行共 19 行，201 字。汉字魏书隶意犹重，古朴雄健，苍然可辨。从魏书的演变上看，介于汉隶之后与魏碑之前，字体本身的特点足以证明其时代的真实性。这一重大的考古发现传播开后，吸引许多中外知名人士、考古学家、史学家、旅游观光者来此考察探秘，观光游览。嘎仙洞已被国务院列为国家一级重点文物保护单位，是鄂伦春民族地区旅游观光的圣地。

（二）天然花园——达尔滨湖

达尔滨湖，位于毕拉河支流的阿木铁苏河下游，额莫尔图山的南麓。它坐落在海拔 1500 米左右的群山中间，呈椭圆形，方圆 15 公里。东西长约 5 公里多，南北宽 2 公里之多，湖深处达 10 米。

“达尔滨”，鄂伦春语为辽阔湖面之意。湖面四周环山，层峦叠嶂。黑石砬子、褐石砬子奇峰突兀、纹理斐然，还有红、黄、绿等五颜六色的火焰石。

达尔滨湖是由达尔滨山火山爆发后，把毕拉河和阿木铁苏河堵截形成的。湖畔奇石嶙峋，在奇石块上披上厚厚一层海鲜苔，脚踏在上面仿佛行走在绿色地毯上，有一种说不出的柔软、轻松、舒服的感觉。在断裂的石缝里长满了五彩缤纷的山野花，向人类展示着无比强劲的生命力。夏季，山峦上草绿花鲜、湖面上水清鱼跃、蓝天上鸟飞成群。湖的四周是浓密的原始森林，有樟子松、鱼鳞松、杉松、偃松、白桦树、柞树、嫣红树、榛柴棵子、山杏树、山丁子、丁香等几十种树木。湖旁山脚下有霸王鞭、山芍药、水仙、百合、野玫瑰，粉红色、浅红色的水浮莲花、喇叭花等百花竞开。湖面时而鱼跃，时而野鸡、鱼鹰、鸿雁、乌鸦、松鸡、啄木鸟、丹顶鹤、白天鹅等低飞盘旋，一派湖阔任鱼跃、天高任鸟飞的美景。

达尔滨湖是游人观光的好地方，被人们誉为林海中的“天然花

达尔滨湖

园”，她陪伴鄂伦春人历经了千百年沧桑，但仍然保持着青春的美貌，这原生态的景观已被列为国家级自然保护区。

（三）慧眼珍珠——四方山天池

四方山位于鄂伦春自治旗诺敏镇西北 30 多公里，毕拉河以南，诺敏河以西群山之上，海拔 933 米，号称“大兴安岭的巨魁”。山顶东西长 500 多米，南北宽 300 多米，由火山喷发形成一个长方形的山岭，山顶平坦，树林茂密。山上有一个泉水和雨水汇积的天然湖泊——“天池”。这个“天池”与新疆天山和吉林长白山的“天池”遥相呼应，各居一方，水色碧绿幽深，四周由蜂窝状的礁石守护着，火山岩浆冷却后形成的高耸石壁，像一堵用石砖筑成的墙，挡住过往行人的视线。据说，这里是天女沐浴的地方。有一次仙女们在沐浴更衣时发现有人在偷看她们的美体，便把这事报告了山神爷，于是山神爷下令修了这道墙，将“天池”围在了中间。

站在四方山极目远望，群山低首朝拜。鄂伦春人利用这一山势，

四方山天池

在山上建起了观察火情的望火楼，站在上面可以随时发现方圆百里之遥的火情，鄂伦春自治旗护林防火指挥部的瞭望台就设在这里，人称大兴安岭的“眼睛”。游人登台远望，满有极目楚天舒之感。

（四）兴安林海中的“小三峡”——石门子峡谷

石门子位于诺敏河流域，风光独秀，姿态奇特，人称“小三峡”。沿诺敏河顺流而下，不远处就会看到河的两侧有两道刀切般的石壁，高达几十米，水流湍急，大有银流劈山、山欲倒之势。在石门子下游不远处的河中央挺立一尊石柱，当地人称之“烟囱石”。石柱劈水，激起浪花，如珍珠喷洒，荡起银白色雾气，仿佛来到世外仙境。“小三峡”敞开襟怀，用特有的风姿拥抱着四海宾朋。

（五）人间仙境——诺敏河自然保护区

诺敏河自然保护区位于诺敏河上游南侧，北部靠斯科乡，东部与托扎敏乡、龙头乡为邻，以赛浪格古达为界，南与诺敏镇接壤，西部与牙克石市乌尔旗汉林业局兴安农场相邻，以古利牙山为界。总面积为148 770公顷，是原始森林区。诺敏河的支流牛尔坑河像一条银色的丝带从林中腹地飘飘而过，源源不断的河水为森林吐绿给力。自然保护区的南部边缘是温库吐河发源地，既有茂密的森林，又有水草交融的草原，十几条小溪环绕着保护区，把原始森林抚摸得妩媚翠绿，为珍贵的野生动物提供了安然无恙、生息繁衍的自然环境，被人称为“人间仙境”。

（六）黄金古道的璀璨明珠——十八站

十八站是一个古老的驿站，距今已有400年的历史，是清朝光绪年间墨尔根（今嫩江县）至漠河金矿30个驿站中的第18站。这里有四大金牌旅游产品，一是旧石器时代遗址，距今一万多年前，在十八站这块神奇的土地上就有人类活动，这是齐齐哈尔市（古称卜奎）以北唯一一处被发现有人类劳动、繁衍生息的地方。在高寒禁区，我们中华民族的祖先用勤劳的双手和智慧创造了灿烂的文化。二是黄金古道，让你带着梦想，踏上先人们用汗水和鲜血铺就的黄金之路，揭开埋藏在老金沟和胭脂沟的秘密。三是驰名中外的吴八老岛，吴八老岛面积1.6平方公里，位于黑龙江主航道南侧，白银纳林场施业区内，曾经是中苏关系紧张对峙并发生过激烈战斗的最前线。如今，这里已是一派田园风光，清清碧水环绕小岛，牛羊在悠闲地吃草，农民扶犁耕田。四是鄂伦春族风情，十八站是黑龙江省鄂伦春族人口最多的聚集地，是非物质文化遗产传承人郭宝林制作的桦皮船和撮椤子走进上海世博会的地方。

第三节　跨越9个经度5个纬度

鄂伦春族居住的地区，地理坐标为东经122°～131°，北纬48°～53°，跨越9个经度、5个纬度。

一、江河两岸印足迹

鄂伦春族在大小兴安岭的密林深处沿河而居。寂静的山林中，风声、水声和歌声的和弦，记录了鄂伦春族曾经度过的苦难岁月和新中

国成立给他们带来的美好幸福生活。

历史上鄂伦春族居住分散，地域跨度大。俄国人史禄国在1915～1917年的调查资料中是这样记载的：兴安岭一带有950人，墨尔根地方有430人，毕拉尔路有899人，库玛尔路有1832人，共计4111人①。

鄂伦春人与水有着不解之缘，所以他们自称是“毕拉尔”（鄂伦春语是河流的意思）或“毕拉尔千”（鄂伦春语是沿河居住的人们）。

鄂伦春族沿河而居比较集中的是：绰尔河流域、诺敏河流域、多布库尔河流域、甘河流域、海拉尔河流域、根河流域、呼玛河流域、逊河流域、沾河流域。其中呼玛河流域的人数最多。

历史上比较详细记录鄂伦春族人口的分布情况是，1938年伪满国治安部的调查资料：绰尔河上游180人，诺敏河流域166人，格尼河上游103人，根河上游136人，喀尔通143人，旁乌河上游78人，呼玛河流域468人，羊关河158人，南宽河119人，坤河宏胡图173人，法别拉河76人，三岔河81人，逊别拉河39人，沾河196人，乌云河及其附近河流199人，佛山（嘉荫县）一带89人，共计2867人。

上述资料记录的鄂伦春族分布情况，基本上是按照居住的河流来划分的。

鄂伦春族居无定址，经常处于迁徙状态。民国初年，库玛尔路鄂伦春协领徐希濂在《瑷珲县志》中有这样一段话：“库玛尔路鄂伦春源流是窍维玛尔路鄂伦春人，自古栖于黑龙江沿岸山谷之中，并嫩江西北多布库尔河一带游猎为生，行止以时到处搭窝而居。”这说明，鄂伦春人没有固定居室，迁移频繁。鄂伦春人选择落脚之地是根据自然界所能提供的生活资料（主要是野生动物）的多少而变化。因此，鄂伦春族的人口分布范围广，地点也不固定。

---

①　林盛中著．鄂伦春民族人口．黑龙江人民出版社，2002：36.

鄂伦春族的人口分布多以大分散、小集中为基本形式。在黑龙江流域，大小兴安岭山地的广阔空间，上至黑龙江上游、下至黑龙江支流的汤旺河，上下相距几千里，都留下过鄂伦春人从事游猎生活的印迹。这种零星大分散的人口分布，构成了鄂伦春族人口分布极其明显的特点。在整个民族比较分散居住的情况下，又有各氏族间的紧密联系，三五家或七八家人居住在一起，共同出围狩猎，共同分享收获的快乐，平日往来也较为亲密。

二、猎马驮着全家搬

鄂伦春族人走家搬，一般情况是在出围狩猎时，发现新的猎场和草场而决定的。比如，1908 年前后，居住在格尼河上游和甘河一带的鄂伦春人，他们在出围狩猎时发现绰尔河上游水清草茂，猎物出没频繁，于是决定迁居此地，先后有两批鄂伦春人迁居而来，第一批迁来 40 户，第二批迁来 20 户。

17 世纪中叶，沙俄殖民主义者入侵黑龙江以后，鄂伦春人四处逃难，生活每况愈下，迁移频繁，往返黑龙江两岸，以求谋生。鄂伦春人不承认黑龙江以北的大片土地和山林为沙俄殖民主义者所有，一部分鄂伦春人又冒险返回黑龙江北岸。据鄂伦春族老人回忆，1900 年海兰泡惨案后，毕拉尔路有 50 多户 300 多人又渡江回到黑龙江北岸，继续从事游猎生产和生活。

逊克县新鄂乡的鄂伦春猎民，过去游猎的范围极广，曾经远征到五大连池、北安、绥棱、庆安、铁力、伊春、汤原、鹤岗、罗北、嘉荫等 11 个县（市）的山区，整个游猎区西北从逊河源起，东南到松花江边，北从黑龙江岸起，南到小兴安岭南麓的各河源止，东西长达 1000 多公里，南北宽达 400 多公里。

在鄂伦春人眼里搬家是件极简单的事情，几匹猎马驮着全部家当，就可以人走家搬了。

新中国成立后，鄂伦春族的人口迁移，无论从性质上还是从迁移的方式上都与历史上的人口迁移有着根本性的区别。现代鄂伦春族人口迁移，规模最大的一次发生在1953～1958年，党和政府动员散居在大、小兴安岭一带各条河流上游地区的鄂伦春人下山建房定居下来。这次大规模人口迁移活动涉及范围之广、人数之多是鄂伦春族史无前例的。

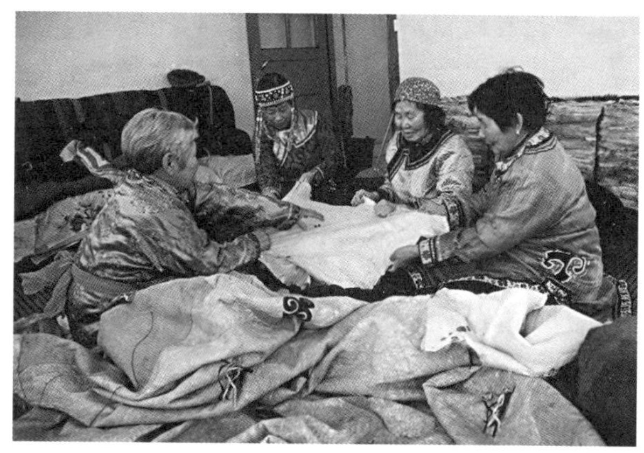

定居后新生活

历史上，鄂伦春族把迁移作为求生之路，并以此来维持简单的生命再生产活动。现代鄂伦春族迁移，基本动因发生了根本性的变化，迁移的主要因素有结婚、升学、服兵役、工作调动和自由迁居5种。比如黑河市新生乡1953～1982年的30年间，由于结婚而引起的迁移为13人，由于升学引起的迁移为12人，由于服兵役引起的迁移为31人，由于工作调动引起的迁移为31人，由于其他原因而改变居住地的有12人。

改革开放以后，鄂伦春族人口迁移更加频繁。目前鄂伦春族人口迁移的主要因素是升学和务工。十八站乡有8名鄂伦春人到外地打工，到大都市开阔了眼界。

升学是鄂伦春族人口迁移的主要因素。塔河县十八站乡每年都有六七名鄂伦春族学生考入大中专院校，2010年有9人考入大中专院校。

鄂伦春族考出去的大中专毕业生返回本地工作的居多，一是在外地就业比较困难，二是鄂伦春族大中专毕业生返回本地工作，国家政策优惠，既可以保证有工作岗位，又有较丰厚的待遇。2005～2010

年，鄂伦春族自治旗招聘 77 名鄂伦春族大中专毕业生进入公务员队伍。所以考学迁出和毕业后迁回的户籍变动频率高，务工的户籍都保留在原居住地，但人口流动的规模变大，并呈活跃态势。

三、走出深山老林

新一代的鄂伦春人同老一代有着极为明显的区别。自从 1953 年鄂伦春族下山定居后，结束了经常迁徙的历史，实现了由流动散居的生活方式向稳定聚居的生活方式转变。

鄂伦春族生活方式的变革是一场深刻的革命，由原始社会一步跨入了社会主义社会。1945 年，日本侵略者投降后，国民党特务和日伪残余分子纠集在一起，制造民族矛盾，煽动鄂伦春族与中国共产党和人民政府为敌。但是，经过党和政府对鄂伦春族的耐心宣传教育和集中兵力围剿国民党敌特残余，1949 年鄂伦春族地区获得了解放。

新中国成立后，鄂伦春族的人口开始集中，在内蒙古自治区呼伦贝尔盟设立了鄂伦春族自治旗，旗内设 3 个努图克（区建制，相当于汉族地区的乡），管辖 7 个自然村，即诺敏努图克（辖小二沟、小二沟南屯）、托扎敏努图克（辖勒高鲁、多布库尔高鲁、古里高鲁）、布特哈旗设鄂伦春努图克。黑龙江省黑河地区设鄂伦春协领公署，下设呼玛县和逊克县两个鄂伦春协领分署。

在党和政府的号召下，居住在黑龙江、嫩江两大水系各条河流上游 51 处的鄂伦春人开始合并，黑龙江省建起了 10 个鄂伦春族新村，这 10 个鄂伦春族新村分别是：呼玛县的下渔亮子、十八站、白银纳、新立屯；爱辉县新生村、哈尔通；逊克县的新鄂村、新兴村和老西地营子；嘉荫县的胜利屯。内蒙古自治区也先后合并了一些鄂伦春族聚居点，并与汉族、蒙古族、达斡尔族、满族等民族混居。呼玛县的白银纳鄂伦春民族乡，塔河县的十八站鄂伦春民族乡，黑河市的新生、新兴、新鄂 3 个鄂伦春民族乡均

鄂伦春人新生活

为鄂伦春族与汉族混居地区，而且汉族人口比重大。塔河县的十八站鄂伦春民族乡与十八站林业局聚居一地，当地人口以林业工人为主体；呼玛县的白银纳鄂伦春民族乡，鄂伦春族人口只占12.14%；黑河地区的新鄂、新兴、新生3个鄂伦春民族乡，鄂伦春族人口分别占22%、14.5%、21.6%。内蒙古自治区鄂伦春自治旗总人口293 846人，其中鄂伦春族为2 564人，仅占全旗人口的0.9%。

随着经济社会的发展，特别是改革开放以后，鄂伦春人凭着智慧和能力敲开了城市的大门，逐步迁居城市，在一些大、中城市可以见到鄂伦春人学习和工作，并定居下来，融入了现代社会发展的大潮。20世纪60年代初，鄂伦春族第一批大学生走上了工作岗位。他们中间的优秀分子站在广交会的展台前，把中国鄂伦春民族风情及特产推介给“黄头发、蓝眼睛”的外国人。一批优秀分子走上了领导岗位，据鄂伦春自治旗统计，2009年自治旗政府鄂伦春族科级以上干部85人，其中处级干部17人，科级干部68人，他们肩负起民族发展的重任。一批鄂伦春族的新生代活跃在首都学坛，为抢救民族文化遗产操劳。三五结伴的鄂伦春年轻人伴着改革开放的春风敲开了京城、省城的大门，甚至走出了国门。

第二章

社会组织、生活与文化

鄂伦春族的社会组织、生活与文化是在原生态文化基础上形成的，与其自然环境和传统的生产方式有着极其密切的联系，记录了鄂伦春族苦难的经历和文化的演进。

第一节　从“乌力楞”到路、佐制度

一、“乌力楞”与氏族的形成

鄂伦春族的社会发展经历了血缘家族、母系氏族公社和父系氏族公社等几个阶段。血缘家族和母系氏族已是遥远的过去，近几百年已进入父系氏族社会，直到新中国成立，还可依稀窥见它的概貌。

鄂伦春族最基本的社会组织是“乌力楞”。鄂伦春语为子孙们的意思。包括三代到四代同一祖先的后代，共同的生产和生活。

随着经济社会的发展，这种早期的“乌力楞”组织逐步演变为地缘性村庄，它连接几个氏族。“乌力楞”的组织功能被日渐强化的氏族所替代。鄂伦春人称氏族为“莫昆”。在鄂伦春人的记忆中，最初他们把“莫昆”（也有称“穆昆”的）称为“塔坦达”。“塔坦”是火堆，

“达”是首领和长者的意思，“塔坦达”即一个火堆的首领。

很早以前，鄂伦春族只有 3 个氏族，即柯尔特依尔（汉语为姓何）、白依尔（汉语为姓白）、阿其格查依尔（汉语为姓阿）。后来由于受到通婚的限制，在原有的氏族中逐渐划分出一些新的氏族，以及与其他民族通婚，氏族发展到 10 个。

鄂伦春族的氏族是与“乌力楞”并存的一种原始社会组织，类似部落。氏族与乌力楞相比，氏族更有权威性和约束力，并逐步取代了“乌力楞”。

氏族由氏族长（鄂伦春人称“莫昆达”）领导。每一“莫昆”均有一人。“莫昆达”须经过“莫昆”大会选举产生，候选人是会前经长辈们商量妥当的，选举后，要通过佐领上报官方批准。

担当“莫昆达”的基本条件是，德高望重的老年人，能够代表和反映氏族成员的意见，如生活上发生困难，能请求有关方面给予帮助，年龄最低的也要在四十岁以上，但不一定辈分最大。

“莫昆达”为人办事要公道，深受“莫昆”成员拥戴的可以终身担任，口碑不好的，氏族成员有权撤换他。“莫昆达”不能世袭，他死后，要选举产生新的“莫昆达”，但是，如果他儿子能服众望，也可以当选为“莫昆达”。

“莫昆达”虽然是氏族首领，但权力是有限的，平时与普通氏族成员一样参加劳动，自食其力。只负责处理氏族内部的事务，如果两个氏族发生纠纷，由两个氏族的“莫昆达”协商解决。

氏族的最高议事机构是“莫昆（氏族）大会”。“莫昆”大会一般 1～3 年召开一次，每次开会 3～5 天。

氏族“莫昆”大会召开前，由“莫昆达”指派马匹多、劳力多的人家传递通知，届时氏族内部所有男女老幼都要前来参加大会，路途遥远的，可以派一名家族中威望高、辈分大的人来参加大会。

“莫昆”大会由“莫昆达”召集，并由他宣布大会议程。氏族“莫昆”大会的内容有登记族谱、排辈分、研究解决氏族内部发生的问题，如婚丧嫁娶、打架、凶杀和在氏族内部乱搞男女关系等，传达官方的命令和通知。大会由辈分最大的人（年龄不一定最大）来主持。氏族内部的问题由长辈们研究决定以后，采取民主方式通过，决定的问题由“莫昆达”宣布，如果有个别人不同意，则吊起来痛打一顿。

在“莫昆”大会上打开族谱时，要杀一只野兽（必须见血）来祭祀，祭祀时人们都要跪下，因为族谱上面记载着整个“莫昆”的祖先。

“莫昆”大会期间，“莫昆达”要准备一些吃喝供大家享用，参加大会的男女老少都尽情地跳舞、唱歌，青壮年还要参加大会组织的赛马、摔跤和射击等活动，获胜者自然受到人们的崇敬。

二、氏族习惯法

鄂伦春族氏族内部的族规十分严格，类似汉族的“乡规民约”，有人将其称之为氏族习惯法，具有极强的约束力。

氏族习惯法是管理和约束氏族成员的准则，主要规定有，男子因违反氏族规定逃离氏族，要被氏族除名。逃跑不成被抓回者，要被处极刑，是否处以死刑要由其舅舅决定，如果决定处死可不加刑，否则要痛打。

因酗酒而打死人，处罚的度量要看其动机。如果是过失造成的，肇事者要给被害人穿孝，要负责埋葬死者，并给被害人家属赔偿马十余匹。如果是仇杀，故意打死人者，要偿命。

对一般违犯氏族习惯法的，大多是批评教育，或用柳条鞭笞。

氏族内部男女之间发生婚外性行为，处理极其严厉。一次两次属于冲动和初犯，一般采取批评教育，如果教育后仍不悔改，就要将当事人勒死。已婚妇女弃家与另外男子逃跑，其娘家无权处理，由其夫家来处理。不同氏族的男女之间发生不正当性关系，也要作处理，但

处罚尺度要鉴于本氏族的规定。

三、氏族的分布

鄂伦春人的氏族，主要分布四个区域：

呼玛河流域（原库玛尔路）。主要有玛乃依尔（汉语称孟姓）、吴恰康（汉语称吴姓）、魏拉依尔（汉语称魏姓）、葛瓦依尔（汉语称葛姓）、古拉依尔（汉语称关姓）五个氏族。

孟、吴两个姓原为一个氏族，彼此不能通婚。魏、葛、关三个姓原为一个氏族，彼此间也不能通婚。但是，孟、吴与魏、葛、关之间是可以相互通婚的。孟姓是人口最多的一姓，与吴姓合在一起，人口超过了魏、葛、关三姓，所以孟姓的子女常常因为人数多而找不到对象，“剩男剩女”越来越多，择偶成了青年男女和父母的一块心病，因此解决婚姻问题便成为氏族分姓的重要理由。

逊河、逊别拉河一带（原毕拉尔路）。主要有玛乃依尔（汉语称孟姓）、莫拉呼（汉语称莫姓）、杜宁肯（汉语称杜姓）、古拉依尔（汉语称关姓，由呼玛迁居到逊克）。

以上几个姓氏彼此间能够通婚。据说孟和莫两个姓五百年前也是一家，是同一个氏族的亲兄弟，由于氏族内部成员繁多，按氏族习惯法族内男女不得通婚，“剩男剩女”越积越多，为了婚事火急火燎，兄弟俩商量分姓，于是按照氏族的规矩，杀牛祭天，向天做了祷告，自此一姓分开，一部分人依然姓莫，另一部分人改为姓孟，一家人变成了两家人，于是打开了通婚的封锁线。所以在莫姓中，有些人的辈分始终弄不清楚。例如莫德林、莫金生、莫金臣三人，莫金臣称莫金生为哥哥，莫金生称莫德林为哥哥，可是莫金臣却称莫德林为叔叔。

托河、诺敏河流域（原托河路）。主要是柯尔特依尔（汉语称何姓）、白依尔（汉语称白姓）两个姓氏。

在柯尔特依尔（何）中又分出几个小姓。这究竟是何姓中派生出来的新氏族，还是指何姓在某一地区活动的人，现在已经无法考证，但他们之间互相不能通婚，已经成为氏族规则传承了下来。

白依尔（白）姓也分出几个小姓。这究竟是白依尔中派生出来的新氏族，还是指白依尔在某一地区活动的人，目前也不得而知。但他们之间是不能通婚的，柯尔特依尔（何）与白依尔（白）两姓之间可以通婚。

多布库尔河、甘河流域（原阿力多布库尔路）。很早以前这个地区只有柯尔特依尔（何）和阿其格查依尔（阿）两个氏族。

阿姓又分伊格吉依尔、嘎格达依尔等小姓，他们之间不能通婚。这究竟是阿姓中派生出来的新氏族，还是指阿姓在某一地区活动的人，已经无人知晓。

但是，有一个传说在鄂伦春族上了年纪的人还记得，很早以前，有兄弟二人，其中一个人在“奥伦”（鄂伦春语称仓库）里存放的一斗米不见了，因而怀疑是被另一个人偷走了，两人为此而争吵起来，于是并以分开姓氏了断关系。其中一个人仍姓阿其格查依尔，一个改姓为嘎格达依尔。鄂伦春人把嘎格达依尔称为贪多的意思。

何、阿两姓之间可以通婚。在七八十年以前，居住在呼玛河流域的孟、吴、魏、葛、关等鄂伦春族为了解决子女婚配困难，迁居到多布库尔河和甘河一带，与阿、何两姓共居一地，以求拓宽婚嫁渠道。

四、路、佐组织制度的建立

鄂伦春族的路、佐制度是从清朝时建立和逐步完善起来的。当时清王朝为了加强对鄂伦春族控制和防范外敌入侵，强化边民特别是鄂伦春人的组织化程度，设立了路、佐建制。康熙二十二年（公元1683年）后，清王朝在黑龙江设布特哈总管衙门，在布特哈总管衙门下分东、西布特哈，即以嫩江为界，嫩江以东为东布特哈，以西为西布特

哈。西布特哈对鄂伦春族的统治设了四路六佐，即库玛尔路，下设三佐；阿里路，下设一佐；多布库尔路，下设一佐；托河路，下设一佐。东布特哈辖毕拉尔路，下设二佐。

布特哈总管衙门存在 200 多年，一直到光绪八年（公元 1882 年）被废止，之后设兴安城总管衙门。但兴安城总管衙门的命运十分短暂，仅维系了 12 年，光绪二十年（公元 1894 年）撤销了兴安城总管衙门。但是，清政府丝毫没有放松对鄂伦春族的统治，将鄂伦春人并为五路十六佐，分别划入黑龙江、墨尔根、布特哈、呼伦贝尔四城管辖。黑龙江城副都统管辖库尔玛路的八个佐，布特哈城副都统管辖毕拉尔路四个佐，墨尔根城副都统管辖阿里路和多布库尔路的两个佐，呼伦贝尔副都统管辖托河路的两个佐。

库玛尔路的鄂伦春族，主要居住在呼玛河流域，1913 年有 2013 人，是人口最多的一个路。库佐尔路下设 8 个佐，其中一佐为 275 人，二佐为 245 人，三佐为 250 人，四佐为 239 人，五佐为 211 人，六佐为 169 人，七佐为 300 人，八佐 324 人。现在居住在黑龙江省黑河市新生乡的鄂伦春人，呼玛县白银纳乡和塔河县十八站乡的鄂伦春人均属于库玛尔路鄂伦春人的后裔，其中居住在黑河市新生乡的鄂伦春人绝大多数是库玛尔路正白旗二佐、镶黄旗头佐，即宏胡图和法别拉河一带的鄂伦春人。

阿力路的鄂伦春族，主要居住在甘河和奎勒河一带。光绪二十年（公元 1894 年）清政府将阿力路和多布库尔路合并为一个路，下设两个佐，归墨尔根城副都统管辖，原阿力路为头佐，原多布库尔路为一佐。

托河路的鄂伦春族，主要居住在海拉尔河、根河流域。活动的地域范围比较大，大兴安岭东西两麓的茫茫林海都是他们的栖息之地。

阿力路、多布库尔路和托河路的鄂伦春人现为内蒙古自治区管辖。新中国成立后大多数迁居到小二沟和阿里河，后来绝大多数的人又都迁移到阿里河，也就是目前全国唯一的鄂伦春族自治旗。

毕拉尔路的鄂伦春族，主要居住在逊河和沾河流域。现在居住在黑龙江省逊克县新兴、新鄂两个鄂伦春民族乡以及黑龙江省嘉荫县的鄂伦春人都是原毕拉尔路鄂伦春族的后裔。

佐是最基层组织，具有行政、军事、司法等多种职能，最高权力拥有者为佐领。

佐的组织机构为：佐领（章京）—骁骑校（昆都保什库）—委官（阿拉卡文）—领催（保什库）—披甲（乌库薪）。

佐领、骁骑校、委官、领催没有专门办公的地方，都是在自己家办公，有事即办，无事出去打猎。佐领有事下达通知，采取一个传一个的办法。到民国时期，佐领有了薪金补贴，每年官方发给大洋五十元。

披甲（兵）从全佐 18～49 岁的人里挑选，平日在家狩猎，有事召集起来。

佐领是由官方任命的，被任命为佐领的人，一般都是在三四十岁以上威望较高的或者狩猎技术好，家庭富裕，有些文化的人，但也有个别家庭贫穷的人被任命为佐领的。

由于佐领握有行政、军事、司法大权，有的人当了佐领后滥用职权，欺压群众，搞起腐败。但是，在氏族内部“莫昆达”仍有权教训本氏族中当佐领的人。

佐的组织有许多规矩和约束，比如在兴安城总管衙门废除之前，一个佐的人不准随意搬迁，有事出门要向佐领报告，否则要受到惩罚。

路、佐组织制度从清王朝建立，一直延续到伪满时期，历经几百年的历史，是统治阶级束缚鄂伦春族的一条行政锁链。

第二节　古朴的风尚信仰

鄂伦春族是一个信仰虔诚的民族，特别是在原生态文化下形成的古老的宗教信仰，表现出他们对自然的崇拜和敬畏。

一、万物有灵

鄂伦春人相信万物有灵，他们对大自然赐予的一切物种和各种神奇现象，统统视为神灵的恩典。

鄂伦春人把神统称为“博如坎”。神偶可分为三类，一类是木制的，称为“毛木台”，多为“阿娇儒博如坎”（祖先神），画像多为野外的神；一类是画在布或纸上的；一类是绣在布或狍皮上的，一般为管马的神。

马匹是鄂伦春人最重要的生产和生活资料。所以在鄂伦春族的人家中，大多供奉“昭路博如坎”和“查路博如坎”，这两种神是专管牲畜安全的。

“吉雅其”是财神。当人畜患病时，向此神上供，供品是一只狍子和一碗“老考太”（黏饭），祷告保佑人畜疾病尽快痊愈。当出围打不到野兽时，也要供奉这个神，向它祷告。据说，这种神是最近一二百年才从蒙古族传到鄂伦春族的。

“德勒库达日依乐”是专管人畜抽风病的神。神像是在一块方布上画两条龙、两只蟒、两只凶鸟、一个太阳和一个月亮，再用木头做一个一只脚抽筋的人形，卷起来放在桦皮盒里。人畜抽风，祷告此神来拯救。据说它是外来的凶神，所以供在“仙人柱”外面朝北的地方，这个地方女人不准去。

“马路毛木合”是阻碍狩猎的神。出猎数日如果打不到野兽，即认为是这个神把野兽给挡住了，或给赶跑了，这时要祭此神，向它祈祷。如打到了野兽也一定先祭此神。

鄂伦春族供奉的神不仅数量多，而且说法也多，他们以万物有灵的视角看待自然并表达对自然的敬畏，以求得神灵保佑，人畜安康，平安度日。

二、敬畏山神

鄂伦春族是典型的森林民族，被称为“林中百姓”，所以他们以山林为家，对大山从依恋到崇拜，进而对山神无比敬重。

“白那恰”是山神爷。鄂伦春人供奉他是用一块白布画一只虎，一个山神爷，两侧站着两个小鬼。山神爷供在山岭上木制的小庙里。另一种简便的供法是，将一棵高大的老树，砍去一块树皮，在此画个脸形，用红布遮盖，猎人路过这里时，要给它装烟、敬酒、叩头，要用打到的猎物给它上供，还要将马尾或马鬃割下几根系在附近的树上。

关于山神爷的故事，在鄂伦春族猎民中流传久远。

“白那恰”很同情猎人中的弱者。有一次几个人结伙进山打猎。几天下来打到很多猎物，可是其中有一个人一无所获。在山上夜宿时，每晚都有一只老虎在他们睡觉的周围转悠，弄得大家睡得很不安稳。

拜山神

有人说，他们中间一定有人和老虎有仇。于是在睡觉前想出一招，每个人把帽子扔到宿营地不远的地方，老虎衔去谁的帽子，便证明老虎和谁有仇。第二天早晨发现，没打着猎物的人的帽子被老虎衔走了，大家都逼他退出，不要牵连别人。这个一无所获的猎人感到很恐惧，以为祸到临头，便爬到树上，瞬间来了一只老虎，嘴里衔着一只鹿，引诱他从树上下来，他哪有那个胆量，吓得浑身发抖，老虎将鹿放下就走了。老虎走后，他从树上下来排便，然后又爬到树上。这时老虎又背来一只豹，虎叫豹上树把他衔下来。豹走到树下闻到臭味，以为是老虎在骗它，就把老虎咬伤跑掉了。猎人从树上下来，把鹿皮扒了。在回家的路上，他又遇到被豹咬伤的那只老虎，吓得浑身发抖，可是老虎并没有咬他，而是求助他包扎伤口，他硬着头皮，壮着胆给老虎包扎好了伤口。老虎又给他抓来很多野兽，让他拿回家去。猎人拿不动，老虎就趴到猎人身旁，猎人把收获的猎物全部放在虎身上，自己也骑了上去。老虎一直把他驮到所住的“仙人柱”旁。后来得知，这只老虎是山神爷变的。

鄂伦春人深知敬重山神要诚心诚意，为人办事也要讲究诚信。所以山神爷惩罚失信者、帮扶诚信者的故事，传承至今。

三、死神与梦幻

原生态环境下的鄂伦春人，由于对自然和神灵的崇拜，产生了灵魂永存的文化理念。他们认为，人死了以后要到“阎门坎”（阎王爷）那里去。阎王爷居住的地方叫“布尼”，那里有生死簿，每个人活着时做的好事和坏事都有记录。活着时做好事多，死后马上就能托生，并能做官发财；一般的人要经过一定时期可托生为普通的人；生前做过坏事的人，再托生时就变成牛、马或狗等动物；生前做坏事最多的人，要让他入无底的地狱。

过去，鄂伦春人认为，阴间有各种刑法，对有不同罪过的人，施以不同的刑法。

关于阴间和鬼的传说，上了年纪的鄂伦春老人讲起来还是很神秘。

很久以前，有个鄂伦春老人在野外夜宿，当他烤火时，觉得背后有动静，回头一看，有个身上和脸上长满了毛的鬼也凑过来烤火。老人悄悄地铲起一个火团打过去，鬼立即发出怪叫声逃走了。老汉怕鬼再回来，便把行装和马具伪装成一个正在睡觉的人样，自己躲到了一旁，并把猎枪子弹上了膛，还把衣服上的铜扣子也装在枪筒里。据说鬼能躲开子弹，但装上铜扣子就躲不过了。果然，转眼工夫鬼又回来了，刚走到伪装睡觉的人旁边，老汉瞄准后扣动了扳机，随着枪响，鬼惨叫一声逃跑了。第二天，天刚放亮老汉顺着鬼的血迹查找过去，到了一口棺材旁边血迹不见了，老汉鼓起勇气揭开棺材盖一看，这个鬼后背的血迹还清晰可见，面朝下卧在里面，老汉用火柴点着了棺材，把鬼给烧死了。

鄂伦春人认为，鬼和神可以给人托梦并对各种梦有着不同的解释，而且梦中所见与事实往往相悖。

鄂伦春人认为，梦见穿好衣服或有钱，是要患重病；梦见悲哀或哭愁，是要发生高兴的事；梦见太阳有希望做官；梦里游泳，是减轻病症的征兆等。

鄂伦春族的神梦文化已成为久远的过去，在“80后”、“90后”的鄂伦春族新生代，关于神和梦的传说所剩无几，取而代之的是现代信息和网络文化。

第三节　一方水土养育一方人

原生态环境是鄂伦春族衣食住行文化形态形成的必然条件，也是鄂伦春人与天地山林融为一体生存理念的外在化表现。

一、“狍皮”胜似绸缎

鄂伦春服饰

鄂伦春族的传统服装大多是狍皮制作的，普遍穿布衣服是清朝以后的事情，到了民国时期，穿布衣服的人才逐渐多了起来，在鄂伦春人眼里，狍皮缝制的衣服胜似绸缎，既轻柔又保暖。

鄂伦春族的男装，冬季的有“尼罗苏恩”（男皮袍），用狍皮制作，不分老少都穿它过冬。这种袍服带大襟，为了美观和坚固，袍边和袖口镶有薄皮。青年人穿的皮袍要染成黄色，染料是用腐朽柞树煮水，将黄水鞣在皮板上，晾干后即成为黄色。骑马是鄂伦春族男子必须做的事情，所以袍服的前后襟均有开衩，腰间扎黑色带子。很早以前，纽扣是用鹿、犴骨或兽角制做的，后来改用了铜扣。

男子穿的“额勒开依”（皮裤），也是用狍皮制作的。过去穿的裤子只过膝盖，下半截穿套裤，然后再穿上“其哈密”（皮靴），后来普遍改成了长腿裤子。

狍头皮帽

“灭塔哈”（狍头皮帽），是用狍头皮做成的。把狍头上眼圈的两个窟窿镶上黑皮子，再把两个耳朵割掉，用狍皮做两只假耳朵。据说如果不割去真耳朵，在出围打猎时，很容易被误认为是真的狍子，容易遭到误伤。狍头皮下边接一圈皮子，作为帽耳，狍角照旧保留。以后有了毡帽，带四扇耳，两大两小，吊上狐狸、

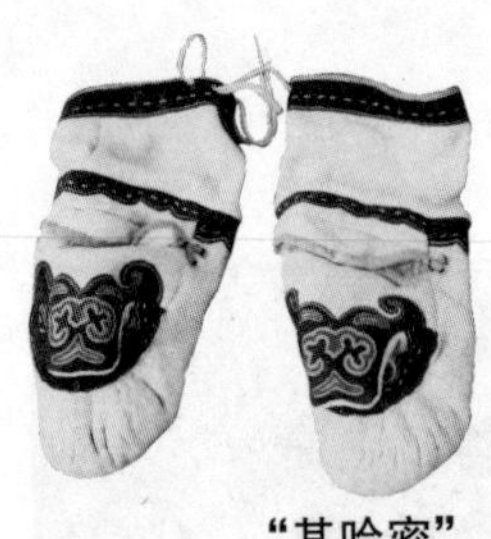
“其哈密”

猞猁或灰鼠皮，顶端缝一貂尾巴。

“其哈密”，是用狍子小腿皮做帮，狍脖皮做底的靴子。

春秋两季，男人大多穿冬天磨掉毛的皮衣，或红毛皮衣（夏天的狍子皮，毛很短，呈金红色），式样同冬天相同。下身穿旧皮裤或红毛皮裤，头戴布制的布里雅特式的帽子，脚穿“奥路其”（布皮底靴子）。

鄂伦春族的女装，冬天穿“阿西苏恩”（女皮袍），式样同男皮袍相同，但比男袍长，大襟覆盖脚面，前后襟不开衩。年轻女士穿的左右两侧开衩处和袖口都绣有花纹，全袍成黄色。而老妇和幼女穿的袍子上只镶边不绣花，也不染颜色。女士穿袍服要扎腰带。女腰带多为黄、紫、蓝色，老妇则扎素色的。

女人穿的皮裤“额勒开依”，在几十年前和现在的不一样，裤腰前边带肚兜，上面钉带子，将乳房兜在里边。左右两侧的裤腰向前折，用带系上。大小便时只解这部分即可。女裤的裤腿原来就是长的，但比男裤稍瘦些。帽子是毡帽，帽里镶花边或涤子，顶端有红绿线穗，中间的几根线穗很长，坠到帽子后边。脚穿“奥路其”（布皮底或皮底靴子）。

春秋季节有的穿磨掉毛的“阿西苏恩”，有的穿红毛皮衣，式样与冬装相同。

新中国成立后，鄂伦春族服饰发生了明显变化，特别是年轻人与时俱进，穿戴时尚，追赶潮流。因此，鄂伦春族的传统民族服饰已经成为艺术品和民族文化的展示品，只有在节日或接待客人时才穿。

二、餐桌离不开“兽肉”和美酒

兽肉是鄂伦春人的传统食物。在定居以前，鄂伦春人的主食主要

是各种兽肉。在下山定居前，大多数人家每天都是吃两餐，鄂伦春人用餐时间不固定。冬季太阳未出来时就吃早饭，早餐后各家的男人要进山打猎，夏季时天擦亮就起来出猎，等猎人回来后才吃早饭。均为肉食，有时打的野兽少，就吃一餐，偶尔打不到野兽时就饿肚子或用野菜、野果充饥。每年“谙达”供给一小部分粮食，多是熬粥喝。鄂伦春人吃粮很少，一个四五口人之家，一年只吃三十几斤粮食。

食肉方法主要有，“乌罗伦”（煮肉）。把肉切成大块放在锅里用水煮到七八分熟，肉里略带血丝，用猎刀割着蘸盐水吃。

“席拉兰”（烤肉）。把一两尺长的木棍两端削尖，一头插肉，一头插在篝火旁。两面烤，烤得焦黄，就可蘸盐水吃。有的在烤前就蘸些盐面，然后再上火烤。

“达拉嘎兰”（烧肉）。把肉切成一块块，扔在火炭里，烧到外黑里红即可食用。

“乌鲁格日”（炖肉）。把肉切成小块，骨头砸碎放在一起炖。有时在肉将熟时，放些野菜和野蔬，肉和汤一起吃，别有滋味。

晒肉干

“库呼乐”和“西鲁哈”（晒肉干）。“库呼乐”是把肉切成小块煮熟后放在帘子上，底下用烟熏。“西鲁哈”是把生肉切成条晒成半干后，架火熏烤，然后切成小块晒干。这样加工后既不腐烂变质，也不长毛。

鄂伦春族餐桌上的一道名菜叫“阿素”。即把剔骨肉、狍肺（或犴、鹿肺）、狍脑（或犴、鹿脑）煮熟，切成小块和在一起，拌上野猪油或熊油和野葱花，放在锅里热一热即可食用。

“阿斯根”（生吃）。鹿、犴、狍子的肝和肾，扒出晾凉后生吃。在鄂伦春族中吃生狍肝的人较为普遍。

鄂伦春人虽然没有专门招待客人的饭菜。但是，他们待客真诚、热情，家里来了客人，就会把家里储存的好吃的食物都拿出来给客人享用。

鄂伦春族成年人喜欢饮酒已成为一种习惯。新中国成立后，鄂伦春族生活水平的提高，助长了酒威。鄂伦春人除饮酒外，还饮马奶酒。马奶酒的制作方法是，用马奶、小米和麦子米和在一起发酵一周，然后用蒸酒器蒸。马匹多的人家自己做，马匹少的人家，几家合起来做。不管是一家酿制的还是几家合作酿制的，都要请全“乌力楞”的人一起来喝，直到全部喝完为止。这一场景类似汉族农家院杀年猪一样，热闹非凡。

在鄂伦春族传统复合大家庭中，家庭主妇承担做饭、鞣皮子、做皮衣等家务，忙时，婆婆也做饭，但也有少数婆婆什么活也不干，坐享其成的。

三、林中别墅“斜仁柱”

鄂伦春族定居以前，在山林中的住所被称为“斜仁柱”（也有人叫仙人柱，也叫撮罗子）。如今，“斜仁柱”已经成为民族历史的纪念碑，默默地述说着鄂伦春族艰辛的过去。

“斜仁柱”一般搭建在靠山林、河水较近的地方，主要是为狩猎、放牧、吃水和打柴方便，同时避风、朝阳。冬天主要考虑住所周围有

好的草场，以便马匹能吃得饱，四周的猎场能够得上，附近干柴较多，住地靠山背风等因素；春天要选择青草长得早，没有陷坑，便于放马的地方，住地要朝阳背风；夏天选择地势高、树木少、距河近、朽木多的地方。因为这样的地方通风凉爽，蚊蠓少，又便于给马打蚊烟；秋天找夏天被水冲过，长二茬草的地方，住到这里便于给马抓膘。

林中人家

“斜仁柱”的结构简单，是用两根“阿杈”（带杈的杆子），六根“托拉根”（搭在阿杈上的主杆）和二十多根“仙人”（一般的树干）构成。搭建时，先用两根“阿杈”支起，然后把六根“托拉根”搭在“阿杈”上，再把顶端套上“乌鲁包滕”（柳条圈），在其周围搭上二十多根“斜仁”，架子就搭好了。

“斜仁柱”所用的“阿杈”和“托拉根”很讲究，一般要使用一丈五六尺长的笔直的树干，“斜仁”也是一丈四五的树干，选材松木或桦木均可。

“斜仁柱”的覆盖物分冬夏两种。冬季使用狍皮和芦苇帘，夏季使用桦树皮。冬季使用的“额勒敦”（狍皮围子），两大块一小块，一块“额勒敦”需要二十多张狍皮。“额勒敦”四角上钉带，将两块大的盖在“仙人柱”架子两边，将一小块盖在架后，将带子系在“仙人”上。在“额勒敦”上面再围上三层一米宽左右的芦苇帘。最顶端留空出烟，下雪天用一块皮子遮盖，但也不盖死，只是让雪不往里落就可

斜仁柱

以了。在两块“额勒敦”的空隙间留一小门，挂上“那拉汉奥库顿”（门帘，用一张鹿皮或犴皮上钉三根木棍，将皮子绷起来）。

夏季用桦皮做成十二块“铁克沙”，每块用一米见方的六七块桦树皮缝在一起，四周围用薄桦皮镶边。

四、翻山越岭有“宝马”

马是鄂伦春人最亲密的伙伴和重要的交通运输工具。鄂伦春人使用的马匹身躯矮小，四个蹄子肥大，不挂铁掌，行走山间河谷的“踏头”和穿越树林十分稳健、灵活，爬山越岭能力强，就像城市中的宝马轿车。鄂伦春族生活中每时每刻都离不开马，出猎必须骑马，猎物、粮食及所需的家具、被褥等都要用马来驮。鄂伦春人经常迁徙，全家老小骑上几匹马，便人走家搬了。过去鄂伦春族富裕人家有上百匹马，一般有十几匹，最少的也有三五匹马。

鄂伦春族除了马匹之外，主要交通工具还有大轱辘车。在出远猎时，

用车拉行装、粮食和生活用具等，打到猎物后用车拉回来，有时妇女串亲戚、赶集等也套车前往。

“特额木”（排木），是一种流放式的水上交通工具。即将十几根圆木绑在一起，用它运输东西或渡河等，排木在诺敏河一带鄂伦春人使用得非常广泛。

“木罗贝”（桦皮船）。用松木和桦皮制作船形如柳叶，大的乘坐四五个人，可使用两三年。鄂伦春人在夏季可以乘船打猎捕鱼，用船驮猎物，呼玛一带的鄂伦春人使用桦皮船比较广泛。

翻山越岭有宝马

第四节　盘点民族文化大餐

鄂伦春族经历了原生态文化到多民族文化融合的过程。多民族文化的融合，不仅展示了鄂伦春民族开放、兼容的大气，并生成一种民族凝聚和进步的力量。

一、口头文学有经典

鄂伦春族没有文字，所以口头文学自然成为了民族文学艺术的脊梁。以民间故事为主要形式的口头文学，歌颂了民族英雄，弘扬了民族精神。在诸多民间故事中，经过大浪淘沙，传承至今的还得算是毛意的故事。

毛意是鄂伦春族百姓崇拜的英雄，他最初居住在呼玛河流域，后来迁移到多库尔河流域居住。这人身高力壮，有百步穿杨、百发百中的好枪法，他不知恐惧为何物，如果有匹马陷在深泥中拔不出腿来，他可以毫不费力地提起马鬃将马拖出陷泥。

毛意为人忠诚、善良、打抱不平、抑强助弱，见到有贼心霸意的横蛮人，就要跟他们打一打，斗一斗。

有一次，有一个叫亿莫彦的老“谙达”，到普通猎民的“乌力楞”，硬要以二升米强行换走一位贫穷猎人心爱的马。这位猎人急得没有办法，只是暗暗地落泪，因为他欠“谙达”很多债。

说也凑巧，这事被毛意赶上了。他默不作声地在一旁看明白了究竟，三步并两步地来到这位贫穷猎人“仙人柱”前，跟那个老“谙达”理论，老“谙达”不知道来人的底细，便出口大骂，气势更加嚣张，非要牵走猎人的马不可。“谙达”那副嘴脸，激起毛意的满腔怒火，他上去就是狠狠一拳，老“谙达”两眼直冒金花，踉踉跄跄地往后退了几步，惨叫一声，摔倒在地上，过了一阵子才清醒过来，知道自己碰上了茬子，于是二话未说，抱着头溜走了。围观的猎人们拍手称快。从那以后，这个“谙达”再也不敢来欺侮贫困猎人了。

又有一次，多布库尔的佐领欺侮鄂伦春人，也被毛意狠狠地教训了一顿。

这个佐领是鄂伦春族人，他当官以后专门结交有钱有势的人，还欺侮贫穷饥寒的鄂伦春猎人。听说谁家有匹好马、好猎犬，甚至有个好马鞍子他都眼热，穷凶极恶地用自己的下等货去交换，不达目的绝不罢休。猎人虽然心中积满了愤怒，但不敢言语。

他管辖的地盘有一位贫穷的猎人，要娶一位叫陈梅的姑娘，陈梅姑娘长得如花似玉，猎民们都为这家人高兴。

这件事传到佐领的耳朵里，他急得满嘴流口水，便起了贼心，立即命令手下去抢人。

团结抗战胜利纪念碑

毛意对这个恶贯满盈的佐领早就恨之入骨，当听到佐领派人去抢亲的消息，他立刻怒火燃起，几个箭步跑到佐领家，用拳脚说话，边打边讲明来意。

佐领被打得跪在地上一个劲地求饶，娶亲的猎户家这才免遭了一场劫难。

还有一个盖山的故事，70 年来鄂伦春人念念不忘。

日本帝国主义入侵我国东北后，鄂伦春族奋起反抗，积极配合东北抗日联军打击日本侵略者，盖山奋勇杀敌的故事流传至今。1941 年夏天的一个清晨，一位叫盖山的鄂伦春猎人上山打猎，忽听急促的马蹄声从远到近，一眨眼工夫，四五个骑兵打扮的人来到了眼前。盖山仔细打量，见来者个个笑容可掬，为首的人还拿出香烟给他，并介绍了自己和几个同伙。

为首的人是东北抗日联军的名将王明贵。他和蔼可亲地对盖山说：

“我们是抗日联军，是为劳苦大众打天下的，专打凶恶的日本鬼子，不拿群众一针一线……”盖山听了这番话，心里热乎乎的。从他们慈善祥和的面孔和朴素的穿戴上看，盖山判定他们是好人。于是跟王明贵说：“你们在这稍等一会儿，我先回去探听一下情况，然后再领你们进村。”

盖山回到家里，吩咐女儿炖肉备酒，并召集一些老实可靠的猎手们，计议如何保护抗联的同志们。

在夜幕降临的时候，盖山带领王明贵几个人来到家里，这时，女儿已煮好了肉，备好了酒。客人落座后，盖山以鄂伦春人的礼节向王明贵敬酒。酒过三巡，气氛越来越热烈。这时，盖山提议要与王明贵等同志结拜兄弟，王明贵满口答应，于是举行了结拜仪式。他们从家常里短唠到日本鬼子残害中国百姓，鄂伦春人如何惨遭欺压和打击散在的日本鬼子，越唠越有劲儿，话题自然说到了“义合公司”。这个公司倚仗日本鬼子撑腰，残酷地剥削百姓，欺压鄂伦春人。

于是王明贵提议端掉这个公司，消灭这帮日本鬼子，大家便低声细语商量起来。第二天夜里，王明贵率领抗日联军，盖山带领武装好的猎人，翻山过河，来到了“义合公司”附近的丛林中。

“义合公司”在一个大院里，有两排房子，正房宽敞明亮，里面住着七八个日本鬼子，是看守厢房里面百八十个中国林业苦工的。

“义合公司”从来没有站岗放哨的，这对于夜袭日本鬼子十分有利。盖山和王明贵带领战士们轻手轻脚、一步一步地靠近公司大院。

他们打开里外两道门摸进屋里，将炕上、地上放着的枪支、服装收拢到一起，睡得像死猪似的日本鬼子丝毫没察觉到死亡的降临。当抗日联军举枪大喊：“不准动!”鬼子们才从梦中惊醒，狼狈地做了俘虏。日本“指导官”用中国话哀求着说：“盖山，你的认得我，看在老相识的份上，求你留个情面吧!”

盖山毫不犹豫地说：“我以前认识你，就是要记住你的罪恶，今天

就是报仇来了，要消灭你!”盖山的话音刚落，抗联的战士和猎人们用刺刀解决了这七八个鬼子。盖山和王明贵走进厢房，喊醒了劳工，宣布他们自由了。劳工们喜出望外，第二天刚放亮便欢欢喜喜地踏上了回家的路程。

“义合公司”被打的消息，很快传到了日本“讨伐队”那里，“讨伐队”穷凶极恶地开进了鄂伦春人的村子，把盖山抓去审问，盖山神情自若，一句不漏。

“讨伐队”决定搜山，围剿抗联队伍，并强令鄂伦春人当向导。猎人们听到这个消息，都为抗联捏了把汗。正在盖山心急如焚时，“讨伐队”来找盖山借马，盖山答应给他们到山上去抓马。但狡猾的日本“讨伐队”不让盖山去，命令盖山的女儿去抓马。女儿临走时，盖山紧紧握了握她的手，传递给她一个重要的信息，女儿心领神会，点了点头，转身离去。

盖山的女儿抓住马缰绳，飞身上马，离开村子后，直奔王明贵的营地，报告了“讨伐队”的行动计划。王明贵得到信息立即带领抗联队伍转移。结果让“讨伐队”扑了个空。

1943 年的一天，王明贵穿着鄂伦春族全套服装来到盖山家，遗憾的是老朋友盖山已经病逝了。王明贵感到非常惋惜和悲痛，到盖山的风葬地点吊祭，并给盖山女儿五十元钱，让她买口棺材埋葬父亲。临行前，王明贵说：“我们永远不能忘记盖山的义举和鄂伦春人对我们的支援，只要我们不牺牲，胜利后我们一定会回来看你们……”

在鄂伦春族民间文学中，谚语、谜语和笑话彰显了鄂伦春族原生态文化淳朴的草根芳香，也体现出鄂伦春人对真、善、美的讴歌和追求，对假、恶、丑的憎恨。在流传的谚语中，大多揭示了深刻的人生哲理。比如：

好马飞跑一鞭之功，好汉说话脱口就算

青草只是一夏之盛，苍松可是四季常青

一个人不能永世长春，一个人只有一段青春

山高不如男人的志气高，水深怎比女人心情妙

……

谜语是文化艺术和智慧的表现形式，是对人生的感悟。鄂伦春人在创造美好生活的同时，也创造了属于自己民族的文化。比如：

三十多个人扯起来，互不放松（“仙人柱”的架子）

有一树丛长得怪，根朝上枝朝下（马尾巴）

四个碗都扣着（马的四蹄）

两山之间乌鸦叫（鄂伦春人自制的口琴“朋努卡”）

……

笑话是民间文学一种幽默的表现形式，具有调节情趣，解除疲劳，发人深省的功能。鄂伦春族流传的笑话，大多与山林、狩猎密切相关，体现了原生态游猎经济的文化形态。

从前，有一个猎人带着猎犬，他把一根绳子的一头拴在猎犬的脖子上，一头拴在自己的腰上。

走呀，走呀，忽然发现在离自己很近的草丛里有一只狍子，他来不及举枪射击，于是放出猎犬追击，猎犬蹬开四条腿快奔如飞，他也紧跑，结果，不但没追上狍子，他却跑死了。

……

二、民间艺术有传承

鄂伦春族的民间艺术具有人与自然共生的魅力，承载着审美理念与精神寄托，因而传承久远。鄂伦春族民间艺术主要有雕刻、绘画、编织、刺绣、音乐和舞蹈等。

体现鄂伦春人雕刻、绘画、编织等艺术的是桦皮文化。即以桦树

皮做材料，制作各种工艺品和展示绘画艺术。其中，“阿达玛拉”（桦皮箱）是典型的桦树皮作品。“阿达玛拉”有长方形、方形和长圆形几种。长约一尺半、宽一尺、高半尺，盖上和箱的四周都刻有花纹。花纹是用“托克托文”（鹿腿骨制的刻刀）和铁制小刀雕刻的。

“阿达玛拉”一般是鄂伦春族女孩在结婚时从娘家带来的，但也有平时自己制作的，用它来装贵重服装、腰带、帽子和结婚用品。夫妻百年好合是鄂伦春人的心愿。因此，在桦皮箱盖的中心雕有“珠勒都很”花纹，象征结婚后生活永远美好团圆。

桦皮箱盖外围边沿的花纹和箱子周围的花纹名叫“奎热格音”。它象征结婚以后不能随随便便，女人嫁给一个男人，应该长久地跟着这个男人，终身忠于丈夫，不变心。

有些“阿达玛拉”上还刻有“南绰罗”花纹。“南绰罗”是鄂伦春人最喜爱的花。鄂伦春人通常把尚未结婚的处女当最好的花来看待，把未婚的男人称为孤男。鄂伦春人认为孤男有了“南绰罗”花在身旁，心就不会感到孤单了。因此，有些女孩子在结婚前，给未婚夫做烟荷包时，特地绣上一朵“南绰罗”花。结婚时，岳母给女婿制作带有“南绰罗”花纹的“阿达玛拉”叫女儿带去，表达岳母祝愿女婿永远不再孤单。

雕刻在其他桦皮用具上面的花纹还有很多，但没有象征性的意义，只是为了美观。

曾荣获“中国十大民间艺人”之一的黑河姑娘陶丹丹，利用白桦树皮的自然纹理、疤节、表层叠皱等天然条件，用手工切割、镶嵌、粘贴等多元手段创作了大量桦树皮艺术品，获国家多项专利，十几件原创的艺术珍品被黑龙江博物馆收藏。

纺织和刺绣是鄂伦春族传统文化中绚丽耀眼的花朵，条条丝线牵出鄂伦春人对美好生活的向往，针针织进了鄂伦春人对亲朋好友幸福的祝愿。纺织和刺绣伴随鄂伦春人的生活，他们用彩色丝线或马尾等

桦皮工艺品

编织出带花的纽扣、飘带、马缰绳等生活用品。

鄂伦春人戴的帽子上有“布日格依”，是用各种彩色丝线编织的花纹，用来围在帽边的装饰。“扎拉干”是帽子后面的飘带，也是用各种彩色丝线编成的。萨满神的衣服扣和帽子上的各种花纹及鸟雀都是刺绣的。女人服装的领子、腰带、袖口、袜底、枕头、鞋和烟荷包上，都绣有各种花纹和图案，展示了鄂伦春族对美好生活的向往和追求。

三、歌舞——鄂伦春人生命的元素

鄂伦春族具有能歌善舞的遗传基因，音乐和舞蹈是鄂伦春人生命中不可缺少的元素。

鄂伦春族民歌主要包括，“扎恩达勒”、“乌琴”、“鲁日格勒”等题材。大多歌唱猎民艰辛打猎、辛勤劳动、男女爱情、苦难及幸福生活等。

鄂伦春族民歌多数歌词都是即兴之作，固定的歌词很少。有一首

“鄂呼兰德呼兰”的民歌，鄂伦春族的成年人普遍会唱。这首歌歌颂了四姐妹反抗包办婚姻，争取自由解放的故事。歌中描述了四姐妹的父母包办把她们嫁给一个异族的财主家。四姐妹爱着本族年轻出色的猎手，对父母包办婚姻强烈不满。在一个黑夜，她们悄悄地逃了出来，每人拿一颗发亮的玉石，去找她们心爱的人。在慌忙奔走之中，最小的、也是最漂亮的妹妹突然摔倒，丢失了心爱的玉石。她想，没有了玉石，怎么去见深爱似海的俊美猎手呢？于是，她悄悄地离开了三个姐姐，吊死在一棵高大的树杆上。三个姐姐看到四妹的遭遇，眼泪哭干了，心哭碎了，姐妹三人用悲痛的眼泪祝愿四妹灵魂安息、幸福。

鄂伦春族对著名歌手是非常尊敬的。过去有个歌手叫戈布绰，民歌唱得出色，远近闻名，深得姑娘的喜爱，为此他娶了一位年轻貌美的妻子。姑娘的父母就是因为他是著名歌手，才欣然把女儿许给了他。

国家一级声乐演员白淼生于呼伦贝尔市潮尔河畔鄂伦春族部落。从小能歌善舞，经过专业训练后，演唱技巧快速提高，20 世纪 80 年代崭露头角，而后逐步向声乐艺术殿堂挺进，多次荣获民族唱法大奖，随中国少数民族艺术团赴荷兰、瑞典、俄罗斯民间艺术节演出。她演唱的《高高的兴安岭》、《我真想变成一只小鸟》等歌曲唱响国内外。白淼是鄂伦春族的骄傲，她演唱的歌曲《情系兴安》荣获了内蒙古自治区“五个一”工程奖。

现任大兴安岭地区红十字会常务副会长的关金芳是著名的鄂伦春族女歌手。在她担任白银纳副乡长和呼玛县副县长期间，主管文教卫生和计划生育。她用歌声点燃文明的火炬，用跳动的音符敲开了兴安的山门，她把心血和汗水化作现代信息的元素符号，在大山林海中传递。人口和计划生育实践为她的创作提供了原材料，几年下来，她不仅创作了 60 多首民歌，还编排了几十个民族舞蹈，她创建了鄂伦春族歌舞团，多次代表黑龙江省参加全国汇演，而且载誉而归。

鄂伦春人的生活始终与歌舞相伴，有歌必有舞。传统的舞蹈主要有四五种。

“依和讷仁”舞，是一种仪式性的舞蹈。在氏族大会上跳这种舞。跳舞时十一个人一组，相互手拉手围成一个圈，一个人站在中央，如果外围十个人都是少年，中央站着的人一定要是年过七十的老人，如果外围的十个人都是青壮年，那么中央的一个人既可以是同辈也可以是年龄稍大的人。因为鄂伦春族普遍重视对青少年的教育，特别是在礼仪细节上一举一动都不能有错误，所以要有长者对他们进行指导。

舞蹈一开始，外围和中央的人都蹲着做小蹦跳的动作，然后站起来，仍是手拉着手，边跳跃边向一个方向转动，中央的人可边唱边手舞足蹈，外围的人跟着合唱，跳这种舞时要穿节日的盛装。有时也带些假面具，手里拿着手帕。这种舞蹈不分男女不分社会地位，全氏族的人都可以跳。

黑熊搏斗舞（也叫野猪搏斗舞），是模仿黑熊或野猪斗架的动作，并发出怒吼声，可由三个人跳，不分性别和年龄均可以跳。开始时两个人上身略向前倾，两膝向前屈，两手放在膝盖上，两足同时跳跃不息，两肩和头部左右摇摆，嘴里发出“吼、吼”的声音。第三个人也做同样的动作，劝解两个搏斗者不要搏斗。

娱乐性舞蹈，边唱边舞。只要有两个人就可以跳起来，也可以四个人六个人一起跳。跳这种舞多是在节日里或婚礼上。当然，在高兴的时候，可以随处边唱边跳。“我在河边拿着荷包等着你……”是鄂伦春人经常唱起的一首情歌，随着歌声许多人会同歌同舞。

鄂伦春族的传统舞蹈已经稍稍发生了变化，其中注入了现代舞蹈的元素。黑熊搏斗舞和宗教性舞蹈已不多见，娱乐性舞蹈呈多民族化发展，各种现代流行的舞蹈已经进入鄂伦春族山寨。

四、画不尽的民族情

鄂伦春族著名画家白英毕业于美术系油画专业。他从20世纪90年代开始参加国内外画展，作品《四方山的神祇》、《鄂伦春少女》、《森林骄子——鄂伦春》等都荣获国内外大奖，被授予“民族杰出美术家”称号。2002年应新加坡南洋艺术学院邀请，赴新加坡举办了《鄂伦春第一代画家白英油画展》。

在鄂伦春族的桦皮文化中还包含着绘画艺术。白桦树的故乡培育了一代艺术新人，使鄂伦春族桦皮绘画艺术得以弘扬和传承。

鄂伦春第一代女画家英鸿苇利用桦树皮背面黄褐色的天然色泽、凸凹、曲折疤节等自然纹理，组合、拼凑、镶嵌、勾勒，把民族传统工艺与现代抽象艺术紧密结合，创作了许多反映鄂伦春民族风情、神话传说、民间故事等精美的、独具民族特色的、具有观赏和收藏价值的艺术品。

桦皮画

桦皮文化是鄂伦春民族文化的精髓，桦皮镶嵌画册则是桦皮文化的提升和民族文化艺术的延伸。

大兴安岭地区呼玛县白银纳乡，女画家关桃芳是专职创作员，从小自悟绘画，在林场当10年计划生育宣传员，用绘画做宣传品，宣传动员群众实行计划生育。她梦想成为画家，有自己的画室。现在她在沈阳鲁迅美术学院深造，她利用桦树皮创作了一系列反映鄂伦春族狩猎生活的图画，其中“摇篮”、“机警的眼睛”两幅已刻在北京中华民族园鄂伦春馆大门两侧，成为永远的标志和纪念。白银纳乡政府筹资为她建造了画室，在鄂伦春族定居60周年时，关桃芳和她的画室将以新颜新作奉献给民众。

五、科学技术多实践

鄂伦春人的科学知识很少来自书本，大多是从生产和生活实践中获得的。

鄂伦春族居住林海之中，夏季蚊、蝇、蚱蜢非常多，驱逐的方法是用朽木沤烟，以烟为武器攻击蚊虫。布衣服上生虱子用开水烫。皮衣生虱子夏天用太阳晒，冬天放在外面冻。

过去妇女生育过多或过密，可以吃一种草药进行避孕。十八站人口计生助理孟彩云提议专家开展中草药避孕节育和生殖保健研究，弘扬祖国传统医学。

鄂伦春人关于气象的知识来自实践，有日环和月环的月份，雨、雪大。云色发黄天要旱；冬季刮南风是降雪之兆；春季鱼胆膨胀，河水要上涨；夏季天气闷热或蠓虫围着人打转，要降雨等。鄂伦春人看月牙的形状就能知道阴历初几，同时还能看出整个月里的降雨量和降雪量。月牙儿稍下弯一点时，就说明降雨量大或降雪量多，月牙儿往上弯一点时，就说明这个月天会旱，有时还会出现地下火。鄂伦春人把这种现象叫“昆乐任”。

鄂伦春人过去记日的方法是，在一根绳子上穿三十个小木棍，从正月初一开始拨，过一天拨一根，三十根全拨过去，即一个月。拨十二次即为一年。鄂伦春人一年生产和生活安排得满满的，幸福充实。

1月，鄂伦春语叫“阿软别”。猎人打野猪、猞猁、灰鼠子。

2月，鄂伦春语叫“阿尼别”。猎人去打鹿、犴和狍子等猎物。

3月，鄂伦春语叫“伊兰别”。猎人去打鹿和犴的同时，借春天冰雪

融化时，晚间点燃火把开始叉鱼。

4 月，鄂伦春语叫“佐别”。鄂伦春猎人打鹿、狍子和犴等猎物。

5 月，鄂伦春语叫“对音别”。鄂伦春猎人打鹿、割鹿茸、打狍子、叉哲里鱼。

6 月，鄂伦春语叫“顺加别”。鄂伦春猎人打鹿、割犴茸和采集野菜晒干。

7 月，鄂伦春语叫“那旦别”。鄂伦春猎人打犴和狍子，并把肉晒成肉干。这时还剥桦树皮，做物资储备。

8 月，鄂伦春语叫“加库别”。加紧晒肉干、野菜干、野果子等。

9 月，鄂伦春语叫“韵别”。猎人抓紧鹿和犴的发情季节出围。

10 月，鄂伦春语叫“暂别”。鄂伦春猎人进山打犴、鹿和狍子等。

11 月，鄂伦春语叫“专别”。这时会下头场雪，猎人忙着打野猪、狍子和水獭。

12 月，鄂伦春语叫“吴顺别”。猎人进山打野猪、犴、鹿和狍子等。

鄂伦春人辨别方向，白天看太阳，夜间看星辰；另一种方法是根据山脉的走向或河水的流向来辨别。

鄂伦春人计量长度是左右手向两侧伸开为一尺。容积以皮口袋计算，一皮口袋粮食约为三十斤。重量以马驮子计算，一马驮子约为一百斤。

鄂伦春族原生态的科技文化是生活实践经验的积淀，它引领鄂伦春人度过了漫长的艰苦岁月。如今，这些原生态科技文化已经进入了民族博物馆，作为民族发展的历史见证，没有过去，就没有现在和未来。所以民族文化的保护和繁荣，前提是对民族文化的尊重，只有尊重才有措施，才有希望和重托。

第三章

生息繁衍

任何一个民族的发展，都是新一代出生，老一代死亡的生生不息的过程。鄂伦春族是我国人口稀少的民族之一，在黑暗漫长的旧中国，鄂伦春族饱经了封建统治阶级、沙俄殖民主义者以及日本侵略者的残酷剥削和血腥屠杀，生活条件极其艰苦，患病无医，死亡甚剧，人口总量呈萎缩型发展。到新中国成立之初，全民族人口仅存 2251 人（1953 年全国第一次人口普查），整个民族濒临灭绝的边缘。新中国成立 60 多年来，鄂伦春族得以休养生息，人口得到了补偿性发展。到 2000 年全国第五次人口普查时，鄂伦春族人口为 8196 人，与 1990 年第四次人口普查时相比，增加 1192 人，增长率为 17%。第六次人口普查，鄂伦春族人口达到 8659 人，增加 463 人，增长率为 5.6%。

第一节　鄂伦春族人口增长缓慢

一、黑龙江以北有鄂伦春族居住

历史上，鄂伦春族人口的统计资料稀缺，准确人口数量更难以确定。从 1895～2000 年一个多世纪不完整的资料分析，鄂伦春族人口总

量增长缓慢。

从 1895 年清政府所编户口册和当时旅行报告书推算出，鄂伦春族人口最多时达到 18 000～20 000 人左右，主要居住在黑龙江两岸广阔的大小兴安岭丛山密林中。鄂伦春族早期在黑龙江以北广茂山林中生息繁衍，沙俄殖民主义者入侵黑龙江流域，鄂伦春族被迫南迁，其中有相当数量的鄂伦春人仍居原地。在 1926 年《苏联远东及外蒙资料第一编统计》中记载，居住在原苏联境内的鄂伦春人口约 800 人，居住在南库页岛的有 268 人。1929 年苏联远东地区召开土著民族代表大会，与会的主要土著民族代表有 29 人，其中有 5 名鄂伦春族代表。这一情况表明，居住在原苏联远东地区的鄂伦春族占土著民族的比例是很大的。

二、外国列强屠杀是鄂伦春族发展缓慢的重要因素

1900 年沙俄殖民主义者借英法等八国联军攻占北京之机，在黑龙江制造了震惊世界的“海兰泡惨案”和“江东六十四屯惨案”，当地的汉、满、达斡尔和鄂伦春族都遭到了血腥的大屠杀，血水染红了黑龙江的江面，其惨景目不忍睹。当时，鄂伦春族出动 500 多人的马队抵抗，因寡不敌众，伤亡甚重。沙俄殖民主义者占领黑龙江以东的大片土地后，鄂伦春族四处逃难，生存环境极度恶化。

沙俄入侵后，黑龙江以东划归俄界。鄂伦春族仅有黑龙江以西的山场，捕猎愈稀，实属不敷糊口，有猎民又返回黑龙江以东原居住地，借以资生。

《瑷珲条约》签订后，沙俄殖民主义者为了巩固从侵略中国获得的大片土地，实施了从欧洲向远东黑龙江流域移民政策，他们在侵略黑龙江和掠夺中国边民的罪恶活动中，了解到鄂伦春人熟知森林、水、金、煤等矿产资源的分布地域，识别深山野路，擅长骑马狩猎，因而

在采取经济上控制和诱迫的同时，在政治上制定了吞并鄂伦春族的政策。沙俄政府开始“吸收异族人”，其外交部曾指示：“对愿意留在我领土的中国臣民，完全应与对待阿穆尔土著居民一样……这样做是非常有益。”①

沙俄政府吞并鄂伦春族的政策，以及鄂伦春人迫于生活返回“江东六十四屯”，也是当时中国鄂伦春族人口总量减少的重要因素之一。

面对沙俄的疯狂侵略，激起了鄂伦春族的愤怒反抗。鄂伦春族在清朝八旗军统领下，组成了一支“飞马队”，队里有名老猎人，他姓啥叫啥已经无人知晓了，可是他机智歼敌的故事，却一直记在鄂家人的心里。

相传，强占江东（黑龙江以东广大地区，即江东六十四屯）的沙俄兵里有个戈皮旦（俄语译音，即当官的意思）窜到呼玛尔，抓住“飞马队”里的老猎人逼他当向导，口口声声要穿过林子、翻过山去消灭“飞马队”。老猎人不服气地问他：“你凭什么去打‘飞马队’?”戈皮旦摇晃洋刀，腆着肚子，得意地说：“一刀长，二马大，三人高，就仗着这三样。”老猎人听了没说话，鼻眼里哼了哼，上马带领一群沙俄兵进了桦树林子。

戈皮旦骑在马上，耀武扬威地走着，不知从哪里“嗖”地飞来一支箭，他用刀挡也没挡住，不偏不歪射中了他的左肩。戈皮旦咬牙拔出箭，大声怒喊：“谁干的?”

老猎人痛快地说：“哈！马上不如马下，长刀不如短箭啊！那是地箭，用来打跳猊和黄鼠狼的，猎人下完地箭就走了，这不算啥，还有地枪和地弹呢，你要是踩上就回老家了!”说罢，不停地朝前走。走着，走着，戈皮旦猛地从马背上摔了下来。原来是马腿被绳索绊住了，一动不动，戈皮旦从地上爬起来，又是大声怒喊：“这是谁干的?”老

① 黑河行署统计局．鄂伦春人口问题．内部资料，1990：180.

猎人说："嗬！大马不如小绳索，粗腿也架不住细绳摞啊！那是'套子'，专门逮狼和花狐狸的，猎人下完就走了。"说完，还是不住脚地往前走。

天黑下来，老猎人还一个劲儿往前走，只听后面"咕咚"一声，戈皮旦连人带马掉进了个坑里，还没等戈皮旦反过劲来，老猎人先开了腔："嘿！人高也架不住坑深啊，胳膊再长也爬不出陷阱啊！那是鄂家的'鹿窖'，专门抓鹿和贪吃的狗熊的。猎人挖完就走了。"沙俄兵像累死狗似的，费九牛二虎的劲把戈皮旦从陷阱里拉了出来。老猎人看沙俄兵个个都耷拉了脑袋，像泄了气的皮球，便连吃带喝起来，馋得沙俄兵直淌涎水。老猎人心里暗笑，便拿出狍皮筒子睡觉了。戈皮旦几经折腾又饿又累，禁不住问老猎人："你吃的是啥东西?"老猎人打了个饱嗝，说："'满山有，杂花蜜'自个采去呗!"沙俄兵按老猎人的说法便下了手，结果触到了尖尾巴马蜂窝，上千只马蜂把沙俄兵团团围住，不停要"注射"，几分钟的时间沙俄兵的脑袋就像发面一样膨胀起来，老猎人见此情景，便从猎人住的撮罗子里抱出一堆狍皮筒子被，一个挨一个摆在山坡上。沙俄兵满心欢喜，不停地喊着"哈喽少"，痛痛快快地钻进了皮口袋。老猎人看着沙俄兵全部上钩了，便点起篝火，抻出猎刀，自言自语地说："让你们尝尝鄂伦春人的猎刀是什么滋味，送你们回西天了!"手起刀落，沙俄侵略者一个个死在刀下。随后，一声"莫莫"（唤马的呼声）口哨，猎马飞驰而来。老猎人翻身上马，抄小道回家给鄂伦春兄弟报喜讯去了。

日本军国主义者入侵中国东北地区后，鄂伦春族便生活在日本侵略者的屠刀下，惨遭杀害，生活动荡，患病无医，死亡甚剧，人口总量仍呈继续下降的趋势。1915 年鄂伦春族人口为 4111 人，1934 年下降到 3700 人，1938 年下降到 2897 人，1940 年下降到 2697 人，整个鄂伦春族濒于灭绝的边缘。

日本侵略者对鄂伦春族实施“不开展其文化，持续其原始生活，不使其归农，当特殊民族隔离，构成其独立生活道路，排除其依存生活习惯，暂时利用，最终消灭”的方针。日本侵略者首先用武力把鄂伦春人驱回深山老林，1936年又把过去遗留下来的游击队改为“山林队”，派日本指导官负责训练和指挥，由日本特务机关加以控制。当时在毕拉尔路强行组织2个“山林队”，每队40人，库玛尔路编了5个“山林队”，队员扩充到230人。

日本侵略者鼓励、诱惑鄂伦春人吸食鸦片，当时在黑龙江省呼玛河一带，每月发给鄂伦春人熟烟10份（每份1.5克），生烟每人每月发给50克，为数较多的鄂伦春人每月吸熟烟三四份之多。新中国成立之初，黑龙江省逊克县人民政府曾对新鄂乡82户鄂伦春族家庭进行了调查，发现有133人吸食鸦片，并且成为烟瘾者。

灭绝人性的日本侵略者对鄂伦春族实施了惨无人道的民族大屠杀，他们把鄂伦春人作为细菌试验的标本，肆意杀害无辜。1937年在逊河县（逊河在新中国成立前为县建制，新中国成立后与奇克县合并，改为逊克县），日本侵略者以“莫须有”的私通抗联罪为名，一次枪杀鄂伦春族14人。在浦拉口子（原属逊河县管辖，是鄂伦春族聚居地区，现为逊克县新鄂民族乡），强行给鄂伦春人注射防疫试验药针，其中仅儿童就死亡28人。1941年有两名日本特工人员在逊河因强奸鄂伦春族妇女，被鄂伦春猎民打死，驻在逊河的日本侵略军以此为借口，逮捕鄂伦春族40多人，除几名少年获释外，其余全部枪杀。

日本侵略者的魔爪沾满了鄂伦春人的鲜血，鄂伦春人奋起反抗。在抗日战争期间，鄂伦春族英雄护送抗日名将杨靖宇；配合抗日联军在绥佳线（绥化至佳木斯）打截装满军用物资的日本军列；为东北抗联第三军七团送冬装，保证抗联战士安全越冬等诸多故事传承至今。

三、瘟疫、战乱和意外死亡影响鄂伦春族发展

鄂伦春族定居以前，在原始森林过野人般的生活，条件恶劣，烟熏火烤，暴冷暴热，营养不良，抵抗疾病能力下降，经常发生麻疹、天花、伤寒等大规模的传染病。从1905～1953年的近半个世纪中，鄂伦春族居住地区曾发生过六次大规模流行性传染病，造成了严重的人口死亡事件：

一是在1905年，甘奎地区患流行性天花，合并肺炎。当时该地区鄂伦春族总人口为850人，这次流行性传染病死亡218人，死亡人数占该地区人口总数的25.65%，约占当时鄂伦春族人口总数的3%。在这次死亡事件中，有30户人家无人幸存。

二是在1930年，甘奎地区和托扎敏地区发生流行性麻疹，当时甘奎地区共有鄂伦春族人口529人，死亡40人，死亡人数占该地区鄂伦春族人口总数的7.6%，约占当时全国鄂伦春族人口总数的1%；托扎敏地区当时有鄂伦春族人口352人，死亡84人，死亡人数占该地区鄂伦春族人口总数的23.86%，约占当时全国鄂伦春族人口总数的2.9%。

三是在1938年，在鄂伦春族居住的诺敏地区患肠伤寒，鄂伦春族死亡98人，死亡人数占该地区鄂伦春族人口总数的57.3%，约占当时全国鄂伦春族总人口的3.38%。

四是1939年浦拉口子发生传染病，死亡60多人。

五是1945～1953年嘉荫县胜利屯患流行性传染病，共死亡91人，这次事件死亡人口数量占该地区当时人口总数的85%左右，其中有1户人家13口人，在不到4个月的时间就全部死亡，全屯不到4个月的时间就死亡49人。

六是1945～1952年呼玛一带鄂伦春人因患各种疾病共死亡178

人，约占该地区人总数的29%。

上述六次死亡事件中，共死亡人口600余人，大部分为青壮年和儿童。

从清朝开始，统治阶级认识到鄂伦春族是一个勇敢善射的民族，是抵外安内的重要力量，所以在康熙年间就把鄂伦春人置于布特哈总衙门管辖之下。后来清政府又将其编入八旗军，作为清政府的一支军队经常参战。据有关资料记载，从沙俄殖民主义者和日本军国主义者入侵黑龙江流域开始，到新中国成立前，从鄂伦春族抽调参战人员共参加大小作战2600多次，人口死亡惨重。

有历史记载的鄂伦春族被迫参加最大的战役有五次：

一是1685年清政府收复雅克萨的作战，抽调565名鄂伦春人参加战斗，死亡惨重；

二是1874年清政府剿捕吉林马贼，抽调鄂伦春马队500人，死亡过半；

三是1874年赴新疆伊犁平息叛乱，抽调鄂伦春人800名，途中因患传染病，结果只有8人生还；

四是1894年中日甲午战争爆发，抽调200名鄂伦春人参战，绝大部分在战斗中丧生；

五是1900年抗击沙俄殖民主义者入侵瑷珲，抽调鄂伦春人500名，死亡惨重。

仅上述五次战事先后抽调的鄂伦春族青壮年男性2565人，而且绝大部分壮烈于疆场，直接影响了鄂伦春族人口繁衍。因此，战争是鄂伦春族人口减少的重要因素。

历史上，鄂伦春族的意外死亡事件发生频率较高，占死亡人数比重较大。

鄂伦春族的意外死亡，大致有以下几种情况，饮酒过量引起的酒

精中毒、酒后冻死、酒后枪杀、上吊服毒自杀、溺水、车祸等恶性事故。

1982～1986年黑龙江省白银纳、十八站、新生、新鄂四个鄂伦春民族乡调查，意外死亡共66人，其中男性死亡人数为54人，占意外死亡人数的81.82%；女性死亡人数为12人，占意外死亡人数的18.18%。可见，男性意外死亡率远远高于女性。

突发性的人口死亡，其数量之大，对于一个人口稀少的民族来说，无疑是灾难性的打击。

四、新中国成立，鄂伦春族重获新生

以1953年全国第一次人口普查为起点，此时恰好是鄂伦春族下山定居的时间，到2010年全国第六次人口普查，前后经历了57年时间。鄂伦春族人口总量开始缓慢回升。1953年为2000人，1964年增加到3000人，1982年达到4000人，1990年增加到7000人，2000年总人口突破了8000人，截至2010年第六次人口普查总人口达到8659人。

第二节　生育传承希望

一般人看来，生儿育女是家庭的事情。而实际上它是人类繁衍的“再生产活动”。生育不仅生产他人的生命，同时也创造了一种文化。

一、鄂伦春族的生育习俗

历史上鄂伦春族妇女生孩子被视为不洁之事，所以妇女“坐月子”有专用屋子，要跟家里人分开。“恩克那力纠哈汉”（产房）是专门为分娩产妇搭盖的，它比“仙人柱”小，用二十几根树干搭成，形状和“仙人柱”相同。冬季上面遮盖芦苇帘，再盖上干草。夏季上面覆盖桦

树皮。产房选址一般在“仙人柱”的东南面，距自己家的“仙人柱”近些，距邻居家的“仙人柱”远些。内部设备简陋，只有“奥路”和一堆火，没有“玛路”席，产妇住在右边，如婆婆来做伴住在左面。

鄂伦春族无论什么身份的男人都不许进产房。因为在鄂伦春人眼里，妇女分娩是不洁之事，怕冲犯了诸神。妇女分娩，如果家里没有女人照顾，男人只能做好饭后，把饭桶拴在木杆上，挑着递给妻子。家里没有人手，产妇分娩后几天就要下地干活，不仅伺候自己，还要操持家务。鄂伦春族妇女生孩子，在定居以前都是由自家年长的妇女接产。

婴儿出生后睡在用桦木制作的摇篮里。鄂伦春族为孩子制作的摇车很讲究，摇车头上部有柳条子做的围子，车头上拉起一个固定的绳索，上面罩上帘子，冬季冻不着孩子的脸，夏天蚊子钻不进去，既遮挡阳光又防严寒，孩子睡在里面非常舒适。

鄂伦春族的婴儿夏季用布或脱毛的皮板包裹，冬季用毛皮包裹，小孩的腿用鹿皮的皮条捆绑，一方面防止孩子从摇车里滑落出来，另一方面有利于孩子挺拔成长。摇篮挂在母亲席位之旁。在摇篮的头部挂有各种兽骨、兽齿、兽角、小铜铃、铜钱等，有的还挂有小熊的干鼻子、猞猁爪等。一摇这些东西发出“嘎吱嘎吱”的响声，既能避邪，又可以逗引孩子，令其安静地入睡。

鄂伦春族给孩子起名一般由父母、祖父母起，或者请氏族内德高望重、见多识广的老人起。

新中国成立后，鄂伦春族与汉族有了密切接

摇　篮

触，特别是鄂汉两个民族通婚极为普遍，小孩出生后一般起两个名字，一个汉族名字，一个鄂伦春族名字。孩子上学和参加工作普遍使用汉族名字。

鄂伦春族始居深山，传统上男孩子的名字一般以石头、打猎能手、动物等起名，以表示勇敢、刚烈。如佐罗（石头）、莫日根（好猎手）、查班莫（白桦树）；女孩子的名字尾音多用“伦”字，表示聪明与美丽，如白木伦、安吉伦等。

鄂伦春族给孩子起名很有地域特点，比如呼玛、逊克一带的女孩子多以“艳”音结尾，如魏拉艳、兰千艳、尔格艳等，而在阿里河周边地区尾音有“杰”字居多，如给巴杰、畏木杰等。

姓氏文化是生育文化的重要组成部分，汉族对姓氏要求严谨，并与传宗接代紧密相连，而鄂伦春族却没有严格的规定，对传宗接代很淡漠，所以孩子起名也具有原生态文化特征。概括起来有以下几大类：

一是以某一特征取名。比如，克库迪（高个子）、普楚（圆脸蛋）、扣儿波寸（头上有包）等。

二是以吉祥和美好愿望取名。比如，额尔登桂（智慧）、乌热松（聪明）、额根堤（长寿）等。

三是以性格取名。比如，钦怕（活泼好动）、安布伦（安静）、托思托元（忠诚）等。

四是以自然界取名。比如，雅玛哈（树叶）、别雅儿（月亮）、乌热（山）等。

五是以表达感情取名。比如，伊力嘎布（思念）、佳丽（心眼好）、莫日根（希望成为好猎手）等。

六是以某种物件取名。比如，阿布（帽子）、巴日阿奇（饭勺子）、空改（桦皮篓）等。

七是以亲切的称呼取名。比如，诺诺、妞妞（对小孩子的爱称）等。

在定居以前，鄂伦春族给孩子取名，前面不加父亲的姓，而是在与人交往时讲自己出自哪一个氏族。长辈对子代的称呼大多是爱称，到孩子大了以后才称呼名字。这一点跟汉族称呼孩子小名（乳名）相近。随着社会发展与进步，鄂伦春族给孩子取名也追赶时代潮流，讲究时尚，甚至到取名馆高价取名，以谋平安、发展。

二、生育率的测量

鄂伦春族在漫长的历史进程中，由于受经济、政治、自然环境、习俗等诸多因素影响，“人口再生产”活动处于高出生、高死亡、低增长类型。新中国成立以后，鄂伦春族下山定居，生活水平、医疗卫生条件不断得到改善，生育率开始升高，人口死亡率逐步下降，人口增长速度明显加快。

1990 年 15～49 岁鄂伦春族育龄妇女为 1960 人。根据育龄妇女的死亡情况，利用反向存活法，推算 1989 年育龄妇女为 1918 人，出生 250 人，计算 15～49 岁育龄妇女的一般生育率为 130.34‰。

根据 2010 年内蒙古自治区鄂伦春自治旗开展的“鄂伦春民族人口发展战略研究课题”调查结果显示，2001～2010 年鄂伦春民族人口已经进入较低的生育水平，十年间妇女一般生育率基本保持在 45‰左右。

根据黑河市新生、新鄂、新兴三个鄂伦春民族乡和内蒙古自治区鄂伦春自治旗 2010 年有关调查结果推算，进入 21 世纪以来鄂伦春族妇女总和生育率基本稳定在 3.5 左右，即每个鄂伦春族妇女按照 2001 年以来的平均生育水平，一辈子平均生育 3.5 个子女。

在鄂伦春族家庭几乎看不到有生育 3 个以上孩子的，而统计和计算结果却显示鄂伦春族妇女平均生育 3.5 个子女。这一矛盾的产生，恰恰揭示了鄂伦春族生育的特殊性。一方面，由于鄂伦春族人口较少，

又实行严格的氏族外婚配制度，致使本民族内择偶范围极小。在鄂伦春族聚居的乡村中，鄂伦春族之间几乎都是亲属关系，血缘关系较近。年轻人几乎都是和汉族、满族等其他民族通婚，群众对这一现象亲切地称之为“团结户”。另一方面，党和国家对鄂伦春族在子女入学、就业、社会保障和生育政策等方面实行了诸多的倾斜政策，“团结户”生育的子女在申报民族的时候，几乎都选择鄂伦春族。这样，在鄂伦春族人口统计时，“团结户”中其他民族的育龄人群虽然生育了鄂伦春族的子女，但是计算生育率时却不是“分母”，致使鄂伦春族妇女的生育率表现为虚高。而实际上，鄂伦春族家庭生育水平要远远低于3.5。大部分鄂伦春族家庭感到孩子抚养成本升高，所以有百分之二三十的家庭申报独生子女，生育多胎的家庭甚少。

三、鄂伦春族女性初育年龄呈升高趋势

女性初育年龄的高低对人口增长有直接影响。在正常情况下，20岁生育，一个世纪可出生五代人，如果25岁生育，一个世纪只能出生四代人。初育年龄偏低和过高对母亲和婴儿的成活和健康都有不利的影响。

鄂伦春族下山定居之初，早婚早育现象十分普遍。据黑龙江省新鄂、新兴和新生三个鄂伦春民族乡统计，鄂伦春族妇女初育中位年龄分别为21.1岁、19.8岁、22岁。新鄂乡最低的初育年龄为16岁，新兴和新生两个乡的最低初育年龄为17岁。上述3个地区鄂伦春族妇女的生育高峰年龄在19～23岁，新鄂乡的生育高峰年龄在20～21岁，新兴乡的生育高峰年龄在22～23岁。黑龙江省呼玛县白银纳乡和塔河县的十八站乡鄂伦春族妇女，初育最低年龄为16岁，初育中位年龄在20岁左右。

然而，鄂伦春族的新生代，无论是生活方式还是婚育观念都发生

了深刻的变化。青年男女大学毕业后仍然要工作一段时间才结婚，要是在过去这个年龄段已经是2个孩子的母亲了。而如今，年轻一代鄂伦春女性同城市女孩一样，爱好旅游、摄影、上网和户外运动，很多鄂族女孩都成为了网络圈子里的“时尚达人”。当提及婚姻问题的时候，她们直率地说，现在正是干事业和享受青春时光的好时候，先立业后成家，不愿意同上辈人那样过早地结婚生育。由于优惠的民族政策和鄂伦春族学生的奋发努力，高考升学率提高，推迟了结婚生育时间。没有走进高校大门的鄂伦春族青年也敲开了城市大门，进城打工、经商，晚婚的人越来越多。

四、鄂伦春族子女存活率明显提高

从一定意义上讲，子女的存活状况反映了子女的生存环境和家庭的抚养能力。定居前，鄂伦春族长期生活在深山老林之中，风餐露宿、缺医少药，婴幼儿的成长环境艰苦，所以老一代人的孩子的存活率偏低。

1990年全国第四次人口普查时，在鄂伦春族15～64岁妇女中只有1人的最高活产纪录为14个孩子；活产8个孩子以上的妇女人数分布甚少，无活产记录的妇女分布比重最大，占30.39%；活产1个和两个孩子的妇女人数分布集中。从子女存活数量上看，鄂伦春族15～64岁妇女平均存活数为1.60个。

改革开放以后，鄂伦春民族地区率先享受到科技进步成果，人口计生和卫生部门在鄂族群众中大力推行免费婚前检查，免费围产期保护、在孕妇中开展“每天一杯奶”、“每天一份福施福”、“增补叶酸”等赠送活动，组织实施“出生缺陷筛查”，极大地提高了生殖健康水平，确保孕产妇和新生儿安全，子女存活率明显提高。据内蒙古自治区鄂伦春自治旗调查，2010年比2000年鄂伦春族子女存活率上升了

2.1个百分点，黑龙江省5个鄂伦春民族乡鄂伦春族子女存活率2010年与1986年相比，上升了1.7个百分点。鄂伦春族子女存活率明显提高，表明鄂伦春族婴儿死亡率下降，非正常死亡明显减少。

第三节　男女老少知多少

任何一个人口群体都是由男女两性组合而成的，在正常情况下，男女两性的比例始终保持相对均衡的状态。也就是说，在人口出生时男孩的数量要略多于女孩，即每出生100个活产女婴，相对应有103～107个男孩出生。所以正常的性别比为103～107之间。到了老年时，女性的人口又要略多于男性。这是因为，男性在成长过程中风险要大于女性，而女性的预期寿命要高于男性。但是，从总体上看，男女两性的比例大体相当。

一、鄂伦春族女性人口偏多

据1990年全国第四次人口普查统计，鄂伦春族人口为7004人，其中男性为3388人，女性为3616人。男性人口比重为48.37%，女性为51.63%，女性人口比例偏高。2010年内蒙古自治区鄂伦春自治旗共有鄂伦春族人口2144人，其中女性1129人，占52.65%，男性占47.35%。黑龙江省呼玛县有鄂伦春族人口580人，其中女性306人，占52.75%，塔河县有鄂伦春族491人，其中女性262人，占53.36%。

鄂伦春族女性人口偏多，一是生理结构女性具有长寿基础，二是男性风险高于女性。在鄂伦春族中没有明显的性别偏好，女孩的生存环境很优越。在家庭中，女孩子往往受宠。家中来了客人，小女孩可以上桌，而男孩子却要在外面等候，待客人用完餐才能吃饭。

二、一份难得的人口资料

人口的性别结构是一个历史变化过程。难得的一份库玛尔路鄂伦春族人口资料，客观地记录了鄂伦春族男女百年沧桑、巨变。

1913 年库玛尔路共辖 8 个佐，总人口 2013 人，其中男性 1072 人，女性 941 人，男性人口比重为 53.35%，总人口性别比为 114。表现为男性人口比重偏高于女性。但是，各年龄组的性别构成却不均衡，波动性较大。在低年龄组，男性人口比重偏高。0～4 岁组，男性 67 人，女性 52 人，性别比为 128.85，性别比明显偏高；10～14 岁组，男性 140 人，女性 120 人，性别比为 116.67，性别比明显偏高；15～19 岁组，男性 120 人，女性 100 人，性别比为 120，性别比明显偏高；20～24 岁组，男性 94 人，女性 83 人，性别比为 113.25，性别比偏高；30～34岁组，男性 97 人，女性 75 人，性别比为 129.33，性别比明显偏高；35～39 岁组，男性 84 人，女性 55 人，性别比为 152.7，性别比严重偏高；40～44 岁组，男性 87 人，女性 63 人，性别比为 138，性别比严重偏高。在分年龄组性别比的比较中，男女构成比例失调现象尤为严重的是 35～39 岁组性别比为 152.7，大大超出正常值范围。

根据 2010 年第六次人口普查，鄂伦春人口共计 8659 人，其中男性人口为 4033 人，女性为 4626 人。据普查统计，鄂伦春人口出生性别比偏高，0 岁组性别比为 110，超出正常范围的上限。

通过以上数据可以看出，鄂伦春族是一个人口总量稀少的民族，女性人口数量多于男性也是正常的，因为女性的预期寿命高于男性，而且鄂伦春族男性死亡风险较大。

三、负担沉重的青壮年

鄂伦春族人口年龄构成较轻，需要家庭和社会抚养的少年儿童比

例比较大。

根据1982年全国第三次人口普查统计，鄂伦春族0～14岁少年儿童负担系数为41.8%，1990年全国第四次人口普查统计，0～14岁少年儿童负担系数为41.33%。8年间，该年龄组人口总数占总人口比重基本没有变化。2000年全国第五次人口普查统计，0～14岁少年儿童抚养比达到50.6%，2010年全国第六次人口普查统计，0～14岁少年儿童抚养比又升至52.9%。

鄂伦春族人口老少比重到1990年下降到2.64%。8年时间下降0.33个百分点。总体表明，由于鄂伦春族人口年龄构成较轻，人口总负担系数偏高，尽管劳动年龄人口负担非劳动年龄人口比重有减轻趋势，但变化极为缓慢。从鄂伦春族年龄中位数看，1982年为17.9岁，1990年上升为18.5岁。2000年为22.5岁，2010年为26.8岁。在最近的20年间，鄂伦春族年龄中位数有明显上升。国际上应用年龄中位数划分人口年龄结构类型，其中年龄中位数在20岁以下为年轻型人口；20～30岁之间为成年型人口；30岁以上为老年型人口。鄂伦春族年龄结构经历了由年轻型人口向成年型人口转化的过程。

在全球人口老龄化进程加快的趋势下，鄂伦春族人口老龄化问题尚未有所表现，1982年65岁以上老年人口占总人口比重为1.24%，1990年下降到1.09%。2000年65岁以上老年人口比重上升为1.6%，2010年进一步上升至2.6%。可见，随着出生率、死亡率水平的下降，以及人均预期寿命的延长，鄂伦春族人口老化程度有所提高。

根据2010年内蒙古自治区鄂伦春自治旗调查统计，鄂伦春族人口共计2144人，34岁以下人口占总人口的70.5%。从统计结果可以看出，受人口出生和死亡强度不同的动态影响，鄂伦春民族人口年龄结构仍处于年轻型。

第四节　读书识字成时尚

鄂伦春族世世代代生活在深山老林中，缺少接受文化教育的客观条件。新中国成立后，鄂伦春族下山定居，孩子们走进了宽敞明亮的教室，实现了几代鄂伦春族读书识字的梦想。

一、林海深处琅琅书声

新中国成立后，党和政府在鄂伦春族居住地区建立了中小学校，为支持鄂伦春族子女就学，实施了免费教育，从而使整个民族的文化结构发生了很大变化。

素质教育

目前，鄂伦春族的学龄儿童小学和中学入学率均达到100%，辍学率降低到0.5%以下，高标准通过了普及九年义务教育的验收。小学普遍开设了外语、计算机课程，开展电化声像教育和网络教育，鄂伦春族年轻一代跟上了时代发展的脚步。

阿里河第一中学是鄂伦春族子女成长的摇篮，是年轻一代鄂伦春人起飞的滑道。从1960年10月25日建校以来，有近万名学生经过寒窗苦读，成为国家建设的有用人才，其中鄂伦春族学生400多名。

阿里河第一中学在半个世纪的历史长河中，从应试教育逐步转向

了素质教育。学校坚持德育为首，教学生学会做人。鄂伦春学生的生活土壤是世代相传的家园，离开鄂伦春民族的栖息地，民族特色就会丧失殆尽。因此，他们把民族教育的德育目标放在教育学生依恋鄂伦春，热爱鄂伦春、发展鄂伦春，树立民族自信心和自豪感，同时教育和引导鄂伦春青少年树立科学的世界观和人生观，树立远大理想，养成良好的品质和高尚的道德情操，为振兴鄂伦春添砖加瓦。

学校坚持发挥智育功能，教育学生学会求知。学校注重教育学生掌握科学的学习方法，获得终身学习能力。学校搭建平台为鄂伦春族青少年展示学习成果，展示才艺创造条件，鼓励先进，帮助后进学生培养学习兴趣，增强自信心，使学生更好地获得求知的技能。

学校注重全面发展，教育学生学会健体和审美。鄂伦春族是一个能跤善猎、能歌善舞的民族。但是，遗传基因仅是通往体育竞技和艺术天堂的基础，是健体和审美的优越条件，而不是成功的决定因素。学校抓住鄂伦春族青少年的有利条件，正确引导，创造环境，培养专长，启迪学生对体育、文艺的爱好和深层次理解，培养学生不断注入现代信息元素的能力。

学校强化动手能力，教育学生学会适应生存和发展环境。学会生存并在生存中求得发展是现代教育的重要任务之一。民族要发展首先要具备生存能力。鄂伦春族具有原生态的生存能力，但是缺乏现代化、城市化、工业化的生存能力，所以学校根据经济发展进程强化鄂伦春族新生代理论与实践相结合，课堂教学和社会实践相结合，把学校办成没有围墙的课堂，让学生多接触社会，在阿里河第一中学既能听到学生朗朗读书声和欢乐的笑声，还能看到学生身穿工作服和实验服走进实验室和生产车间的身影。

二、摘掉了文盲帽子

鄂伦春族只有语言，没有文字，识汉字的人为数甚少。新中国成立后，党和政府在鄂伦春族地区大力发展教育事业，鼓励和引导成年人学习文化。随着老一代死亡，新生代的成长，戴在鄂伦春族头上那顶文盲的帽子，早已丢在深山老林中。

据2010年调查，内蒙古自治区鄂伦春自治旗共有鄂伦春族人口2144人，其中具有研究生6人，大学本科173人，大专363人，中专和高中406人，大体占当地鄂伦春族人口总数的一半左右。黑龙江省大兴安岭地区呼玛县、塔河县鄂伦春族人口共计1026人，其中，大学本科以上学历44人，大专104人，中专和高中158人，占当地鄂伦春族人口总数的1/3。黑龙江省黑河市新生、新鄂、新兴3个民族乡719人，其中，大学本科以上学历22人，大专61人，中专和高中89人，约占当地鄂伦春族人口总数的1/4。

2010年第六次人口普查统计，鄂伦春族6岁以上人口中未上过学的人口占1.4%，受教育程度达到小学和初中的人口占56.1%，受教育程度达到高中及以上学历的人口为42.5%。其中女性受教育比例为94.7%，接受高中及以上学历教育的女性比例为43.2%，高于男性接受高中及以上学历教育的比例1.5个百分点。鄂伦春族人口受教育程度达高中及以上学历水平的比例高于全国平均水平，是我国受教育程度较高的民族之一。

三、文化教育事业大发展

鄂伦春族最早接受正规的文化教育，大约始于民国二年（公元1913年）。民国三年（公元1914年），在喀尔通屯办起了库玛尔路省立第一所鄂伦春族国民学校。民国九年（公元1920年）鄂伦春族学校增加到8所，在校学生共达230人，约占全民族总人口的5.8%。课程设置都是按汉族学校安排，普遍学习汉语和汉字，由汉族教师任教。鄂伦春族学校的兴办掀开了鄂伦春族历史新的一页，使得科学文化知识开始在鄂伦春族中传播。

1940 年日本侵略者实行鄂、汉隔离政策，勒令学校解散。1942 年日本指导所在呼玛倭勒河一带建起一所小学，有一名日本教员和一名满族教员，讲授日文和满文，鄂伦春族学生达到 82 人，学生费用全部由家庭负担，学校条件恶劣，许多学生因患克山病而死亡。1943 年这所学校只剩下 30 名学生，而且人心不稳，中途辍学者日益增多，最后不得不关闭校门，该校仅有短短 2 年的历史。

新中国成立后，党和政府对鄂伦春族的文化教育事业十分关心和重视。1949～1984 年先后在黑河、呼玛、小二沟等地设立了鄂伦春族小学或民族儿童班。1953 年以前，因鄂伦春族尚未定居，许多鄂伦春人都把子女送到呼玛县完全小学或聚居地附近的汉族小学就读，学生全部在校住宿。当时，鄂伦春族的子女上学不仅学杂费全部由国家包下来，而且发给学生吃、穿、用等日常生活用品，假期还发给学生回家探望父母的往返路费。由于国家的这些优惠政策和特殊照顾，调动了鄂伦春族学习科学文化知识的积极性，家长纷纷送子女入学，学生人数逐年增加。据呼玛地区统计，1948 年有鄂伦春族学生 16 人，1949 年增加到 25 人，1950 年就学儿童就比 1948 年翻了一番，达到 33 人，1951 年又翻了一番，达到 63 人，1952 年增加到 94 人。可以说，这期间鄂伦春族子女就学热情十分高涨，就学人数成倍地增长。

从 1953 年开始到 1958 年散居在大、小兴安岭山地各条河流上游地区的鄂伦春人先后下山定居，国家根据鄂伦春族生活方式的变化，在主要聚居地区普遍成立了初级小学，学校及学生的各项费用均由国家统一拨款负担，由民族事务委员会列专项解决。学生家庭不负担任何费用。

鄂伦春族定居后，生活相对稳定下来，为开展文化教育提供了最基本的客观条件，加之党和政府的重视和支持，鄂伦春族的文化教育事业有了长足发展。1957 年十八站地区有 9 名鄂伦春族子女考入了呼

鄂伦春文化教育

玛县中学，1958年有7名学生被保送到大学学习，鄂伦春族有了自己民族第一代大学生。

历史进入20世纪60年代以后，鄂伦春族的文化教育事业发展速度加快，各聚居地区先后建起了文化馆、图书馆、电影院等文化教育设施，报纸、杂志和各类书刊开始进入鄂伦春族家庭，少数民族地区的党委、政府选派汉族文化教育工作者到鄂伦春族地区工作。

鄂伦春族经过定居后的半个多世纪的休养生息，旧社会的创伤得到了彻底医治，教育环境、教学条件得到了极大改善。1996年黑龙江省政府为了加强鄂伦春族教育，进一步改善办学条件，确定了“就近办学，三级投入（省、地市、县），乡校县管”的方针，并投入200多万元全面改造了鄂伦春族学校。2010年塔河县投资360万元改扩建了鄂伦春民族学校，鄂伦春族小学住宿生全部免费，在全省被誉为“岭北教育明珠”。

目前，鄂伦春自治旗的普及9年义务教育已达到国家标准，鄂伦春族

学生入学率达到100%。黑龙江省有鄂伦春族小学5所，中学4所，小学生入学率达到100%，巩固率达到98.5%，合格率达到90%以上，

2000～2010年，全省鄂伦春民族每年考入大中专院校的平均在30人左右，10年累计达300余人。塔河县给鄂伦春族小学生每人每年补助提高到210元，中学生提高到290元，考入大学的发给5000元助学金，大中专和重点高中发给3000元，县内普通高中发给1500元，助推了高中教育的普及。

鄂伦春族聚居地区文化繁荣，市县文艺团体经常深入鄂伦春族各聚居点进行宣传演出，活跃了鄂伦春族的文化生活，培养了一批文化艺术骨干分子。鄂伦春族文化艺术工作者创作的歌舞节目和美术作品，经常参加省和国家举办的演出和展览，并有一大批获奖作品。

国家为鼓励鄂伦春族青少年学习科学文化知识的积极性，对鄂伦春族子女入小学者每年每人给予60元补助金，入中学者给予200元补助金。现在，对鄂伦春族学生助学补助额度大幅度提高。鄂伦春族中小学住宿费用全部由国家承担，节假日回家探望父母费用也由国家承担。塔河县对考入一表院校的鄂伦春族学生一次性奖励5000元，考入二表院校的奖励3000元，考入大中专学校的奖励1500元，不仅调动了学习的积极热情，还减轻了学生家庭的经济负担。

国家为了培养更多的鄂伦春族知识分子，在高考时降低鄂伦春族学生录取分数线，在高等院校中，增办了少数民族班或专业，以增加鄂伦春族学生的升学机会。由于国家采取一系列有利于鄂伦春族文化素质提高的具体措施，使更多的青少年有机会进入高等院校学习，结束了鄂伦春族没有知识分子和专业技术人员的历史。

有辛勤耕耘，就有喜人的收获。为继承和抢救鄂伦春民族文化，鄂伦春民族地区从幼儿班开始到初中全部开设了鄂伦春族语言文化课。他们采用国际音标或汉语拼音自编了民族语言课本，进行会话、讲述民间故事、表演歌舞等活动，民族语言得到了传承。

内蒙古自治区鄂伦春族自治旗建起了文化站、图书馆和书店。成立了鄂伦春民族研究会，组织文化工作者挖掘民族文化内涵，抢救民族文化遗产，出版了《鄂伦春族百年实录》、《鄂伦春族发展问题研究》、鄂伦春语动漫教学片《我是鄂伦春》、《鄂伦春语释译》。拍摄完成了《鄂伦春口述史》、《哦，我的鄂伦春》等专题片。“桦皮制作工艺”被评为国家非物质文化遗产。

第四章

婚姻与家庭

婚姻像是一条红丝带，把有情人联系在一起，组成了家庭。家是不灭的灯塔，把鄂伦春人带进一个个温馨幸福的港湾。但是婚姻又具有文化特征，揭示了不同历史时期的社会关系，使家庭的滋味多了酸甜苦辣。

第一节　放大家的方圆

家虽小，但它是社会的缩影。鄂伦春族最初的家庭叫“乌力楞”，后来逐步细化和放大，成为了氏族和地缘性的村庄。而相互联系的，是婚姻这条扯不断的纽带。

一、亲缘婚配的禁令

鄂伦春族的传统婚姻，实行的是严格的氏族外婚姻和一夫一妻制。所谓氏族外婚姻，是配偶的双方必须是不同氏族的男女，因为氏族内部的成员都有较近的血缘关系，容易把辈分搞乱，破坏了伦理，也容易造成子女缺陷，所以本氏族内的男女是绝对不允许结婚的。

从现代优生学的角度考察，这种氏族外婚姻是聪明之举。但是鄂伦春族人口群体较小，有限的几个相互可以通婚的氏族满足不了婚配需要，所以他们为了解决本民族的繁衍和发展，往往通过赐姓改变原有姓氏，扩大或形成新的氏族，进而实行新的婚配，这样就无法逃脱近亲婚配带来的种种威胁。

鄂伦春族这种传统的氏族外婚姻，有着严格的具体规定：其一，同姓不能通婚；其二，辈分不同不能通婚；其三，特定姓氏之间不能通婚。

表　鄂伦春族传统婚配表

姓氏	吴	孟	关	魏	葛	莫
吴	×	×	√	√	√	√
孟	×	×	√	√	√	√
关	√	√	×	×	×	√
魏	√	√	×	×	×	√
葛	√	√	×	×	×	√
莫	√	√	√	√	√	×

注：√表示可以通婚，×表示不能通婚。

鄂伦春族传统的氏族外婚姻，实际上是一部“氏族婚姻法”。在氏族内，男女如发生性行为，氏族长（莫昆）有权审问拷打，甚至在氏族墓地绞死。严格的氏族外婚姻给鄂伦春族婚配造成了极大的困难，有的姑娘至老不能出嫁，成为“资深剩女”。面对严重的婚姻市场拥堵现象，当时有人呈请：“库民孟姓居多，因拘古礼同姓不能结婚，应请分别赐姓，以蕃种族。”后来，这种情况就由氏族长（莫昆）主持分离新氏族。在分离新氏族仪式上，杀牲祭天，宴请本氏族及部落各氏族人，以求得神天保佑后代繁衍发展。氏族长（莫昆）向部落所有成员和其他氏族宣布，分姓后可以互相通婚。这种人为的从古老氏族中分离出新氏族的办法，显然对解决通婚困难是十分必要的，同时也为血缘关系的日趋疏远和松散提供了可能性。但是，鄂伦春族所采取的这种赐姓婚配办法，仍然没有摆脱地缘性和近亲性的困惑。

鄂伦春人为了解决婚配的困难，除了在人口数量较多的姓氏中通过赐姓分离新氏族以外，采取的另一个办法就是迁移，通过搬家改变居住地来解决婚姻困难。清朝后期，库玛尔路（呼玛河流域）的鄂伦春人曾移居到毕拉尔路（逊河流域）去居住。起初，库玛尔路的佐领只允许成亲者居住二三年，到期由毕拉尔路的佐领负责驱回。到清朝末年，各路佐领在鄂伦春人的强烈要求下，不得不允许他们长期居住下来。鄂伦春族通过长途跋涉与其他氏族成婚的举动，在一定程度上缓解了婚配困难的矛盾，同时也反映了鄂伦春族婚姻文化得到了初步的开发。

新中国成立后，鄂伦春族下山定居，不仅物质生活和文化生活发生了根本性的变化，同时家的方圆得到了放大，在同其他民族频繁交往过程中，婚姻关系和婚姻形式也随之发生了明显的变化。

据 1990 年全国第四次人口普查统计，鄂伦春族 15 岁以上男性为 1925 人，女性为 2184 人。婚姻状况是，女性已婚人数为 1434 人，占女性育龄人口总数的 65.66%，有配偶男性为 1067 人，占男性婚龄人口的 55.43%；男性丧偶为 74 人，占男性婚龄人数的 3.84%；女性丧偶为 144 人，占女性婚龄人数的 6.59%。男性离婚为 34 人，占男性婚龄人口的 1.77%；女性离婚为 19 人，占女性婚龄人口的 0.87%。

25 年，弹指一挥间。鄂伦春族在市场经济大潮的冲击下，婚姻发生了深刻变化，这里仅以内蒙古自治区鄂伦春自治旗为例。2010 年有 15 岁以上人口 1621 人，其中有配偶 842 人，结婚率为 51.94%，男性 343 人，女性 499 人，男性占有配偶人数的 40.73%，女性占 59.27%，女性结婚率明显高于男性。离婚 110 人，离婚率为 13.06%，其中男性 47 人，占 5.58%，女性 63 人，占 7.48%。丧偶 36 人，丧偶率为 4.27%，男性 5 人，占 0.59%，女性 31 人，占 3.68%，女性丧偶率大大高于男性丧偶率，表明在婚姻道路上男性掉队人数多，难以兑现

"白头偕老"的婚姻承诺。

与25年前相比，鄂伦春族结婚率和丧偶率有下降的趋势，离婚率有明显升高记录。这一情况恰恰与社会整体的婚姻变化相一致，表明鄂伦春族的婚姻文化已经融入了社会发展大潮。

现代鄂伦春族婚姻的显著标志是，鄂伦春族与汉族通婚已成为婚姻形式的主体，"团结户"是鄂伦春族家庭的主体结构。鄂伦春族与汉族通婚的家庭已经达到90%以上。"团结户"家家夫妻恩爱，甜甜蜜蜜。

在现代鄂伦春族婚姻中，以夫妇双方均为鄂伦春族组成的家庭越来越少，而与汉族通婚的家庭越来越多。在二三十年以前，鄂、汉两个民族通婚的趋势在黑龙江省黑河市的新生民族乡表现更为突出，是因为这个地区的鄂伦春族下山定居较早，经济和文化得到了相应开发，鄂伦春人婚姻观念变化较大的缘故。那么，在今天，所有的鄂伦春族居住地都在加快推进城乡一体化，城市化带领鄂伦春族走进了现代化，多民族通婚的障碍早已被时代的新潮所淹没。

二、婚姻成为不同民族文化融合的纽带

鄂伦春族同其他民族通婚经历了一个长期复杂的过程。这是鄂伦春族同旧的传统婚姻斗争以及社会发展、民族经济文化进步的结果。最初，鄂伦春族首先与达斡尔族之间通婚，其次和满族人通婚。这是因为鄂伦春族与这两个民族无论是语言上还是生活习俗上有许多相近之处，便于交流沟通，而且接触较早，相互了解。鄂伦春族与汉族产生婚姻关系是从清朝末年开始。19世纪中后期，清朝政府在黑龙江流域设立了驿站，清朝八旗兵和汉军调入黑龙江流域，云南站丁调防到北部边疆，以及黑龙江通航，金矿、煤矿的开采，土地开发，龙奇宫道的修筑，咸丰年间的大量移民，汉族商人也随之进入了鄂伦春族地

区经商，从客观上为鄂伦春族与汉族交往提供了条件。由于汉族和其他民族进入鄂伦春族地区，鄂伦春民族地区经济和文化的多元发展，进而也打破了婚姻关系的民族界限。

鄂伦春族与汉族通婚是通过私商介绍的。民国初期，有些汉族商人为了垄断鄂伦春民族地区的市场，排挤同行，在商品交换中取得更大的利益，他们中间有人便采取娶鄂伦春族女子为妻或纳妾的办法，借以攀上鄂伦春族头面人物，实现扩展经济势力、垄断市场的目的。据资料记载，民国五年（公元1916年），呼玛县汉族大商人谭宝善（吉林省人）、李金泰（奉天省人）在山居久，皆取鄂人之女，恳请编入鄂伦春人旗佐。谭宝善不但娶了鄂伦春女子为妻，还纳了一名26岁的鄂伦春姑娘为妾。几年后，他被委派为收抚员差使，在不到30年的经营过程中，他从一家小铺子创业，逐渐发展成为垄断十八站鄂伦春族地区的最大商号，并在黑河购买了楼房。民国十一年（公元1922年）汉族人杨玉亭（昌黎县人）与鄂伦春族一女子结婚后，呈请加入鄂伦春籍，3年后任职骁骑校，继又任领催，成为鄂伦春族中的头面人物。

鄂伦春族与汉族商人通婚关系的建立和发展，恰恰反映了婚姻关系是社会政治和经济的产物。这种婚姻关系的基础虽然不是建立在爱情上的，而是为了实现政治上的、经济上的某种目的，但是，在当时对于改变鄂伦春族的婚姻状况，毕竟起到了一定的推进作用。

鄂伦春族同其他民族通婚，首先是在鄂伦春族上层社会打开局面的。民国初期，统治阶级对鄂伦春族实行“弃猎归农”的政策，鄂伦春人开始在居住的河流附近盖房种地。但由于长期从事游猎生活，难以适应新的生产和生活方式变化，鄂伦春族中的上层人物开始雇用汉、满、达斡尔人做长工或短工，并且给较高的劳动报酬，有的鄂伦春族佐领还与汉族人合伙经营土地。在这种新的生产关系下，鄂伦春族女性与汉族男子开始有了接触，鄂伦春族上层人物对此限制不严，并赞同鄂、汉两个民族通婚。这样就为鄂、汉两个民族婚姻关系的发展奠定了基础。

新中国成立后，鄂伦春族生产和生活方式开始转型，促进了鄂、汉两个民族通婚趋势的发展。鄂、汉两个民族混居一地，民族间的关系日渐亲密，特别是现代科学和文化知识的传入，大多数鄂伦春族的青年男女都不愿意在本民族中寻求配偶。鄂伦春族的女青年在生产和生活中逐步发现汉族男青年性情温和，很会关心体贴女性，所以愿意嫁到汉族家中。一些汉族女青年看到鄂伦春族社会地位不断提高，党和政府对鄂伦春族在经济上给予较高的待遇，在政治上地位不断提高，同鄂伦春族男青年结婚可以得到许多实惠，减轻婚后生活的压力或者因为双方男女受到某种限制，也都愿意打破民族界限，组成家庭。据黑河市新生乡统计，1970～1980 年的 10 年间，有 16 对鄂伦春族青年结婚，其中有 12 对是鄂、汉两个民族通婚的，“团结户”占 75%，2000～2010 年的 10 年，这一比例上升到了 91%。

现代鄂伦春族婚姻变化，除了与其他民族通婚比例提高以外，还表现在女性初婚年龄的提高上。据 1986 年调查，鄂伦春族女性初婚高峰年龄为 19 岁。在黑龙江省逊克县新鄂乡 76 名已婚妇女中，初婚年龄在法定婚龄以下的有 42 人，占 55.26%。在新兴乡的 82 名已婚妇女中，初婚年龄在法定婚龄以下的有 43 人，占 52.44%。这两个鄂伦春族乡的妇女最低结婚年龄均在 15 岁。然而，经过 25 年的变迁，鄂伦春族女性初婚年龄升高 3 岁。

25 年前，鄂伦春族妇女已婚丧偶率相当高，据 1986 年调查，平均占已婚妇女总数的 25.64%。最高的地区是白银纳民族乡，为 44%，依次为十八站民族乡，为 31%，新鄂民族乡为 24%、新兴民族乡为 18.8%，新生民族乡最低，为 9.5%①。

① 林盛中著．鄂伦春民族人口．黑龙江人民出版社，2002：170.

但是，目前的调查结果情况有了明显改善，以内蒙古自治区鄂伦春自治旗为例，丧偶率已经下降到4.27%，其中女性丧偶率下降到3.68%。上述5个地区鄂族丧偶率下降幅度也十分显著，平均降低了近10个百分点。

过去鄂伦春族早婚早育现象普遍，主要受平均寿命短、婚配困难的影响，已婚丧偶率高与鄂伦春族男性酗酒、意外死亡等因素有关。但是随着生活条件的改善和民族素质的提高，旧社会遗留下来的婚姻陋习已经被先进婚育文化所取代，先进、文明、进步的婚姻现在鄂伦春族已成为追求的时尚。

三、走出血缘婚配的沼泽地

鄂伦春族虽然居住地域辽阔，有严格的血缘关系禁婚限制，但是由于人口稀少，缺少与其他民族交往的客观条件，所以只能在有限的人群中择偶，结婚生子，繁衍后代。所以难以走出血缘婚配的沼泽地。

鄂伦春族血缘婚配率较高，但各聚居地区又存在较大的差异性。在20世纪80年代末，黑龙江省新生乡鄂伦春族血缘婚配率为9.57%，新鄂乡鄂伦春族血缘婚配率达10.99%，而内蒙古托扎敏和甘奎以及黑龙江省十八站等地鄂伦春族的血缘婚配率却只有1.6%。新生和新鄂两个民族乡的鄂伦春族血缘婚配率为当地汉族血缘婚配率的10倍以上。

鄂伦春族的血缘婚配类型以表亲居多，各聚居地区的血缘婚配不同之处是，有的地区以姑舅亲为多，有的地区则以堂亲者居多。

鄂伦春族血缘婚配率较高的主要原因是，人口群体较小，婚配困难。新中国成立前，鄂伦春族以游猎为生，定居后虽然与其他民族有了交往，但毕竟时间较短，婚姻这条警戒线在民族之间还十分敏感，对近亲婚配的危害还缺乏科学的认识，亲上加亲在鄂伦春族中也有较深的影响。所以从实地调查看，鄂伦春族的血缘婚配带来许多恶果，一是子女成活率低；二是不利于优秀个体的培育。在黑龙江省新生乡鄂伦春族 64 对婚姻中血缘婚配 9 对，子代共 153 人其中非血缘婚配的子代为 116 人，血缘婚配的子代为 37 人，汉族婚姻共 88 对，子代共 382 人。非血缘婚配的子代死亡为 16 人，占子代总数的 13.80%，而血缘婚配的子代死亡为 15 人，占子代总数的 40.54%。从子代死亡的情况表明，由于鄂伦春族血缘婚配率较高，影响了人口总量的增长。

历史进入 2000 年后，市场经济和电子计算机敲开了兴安山门，党和政府为了提高鄂伦春族的婚姻质量，在鄂伦春族居住地区广泛开展"婚育新风进万家"活动和生育文明创建活动，传播优生优育知识，倡导婚前健康检查，加长婚姻半径，扩大通婚圈，收到了明显效果。

据 2011 年 2 月调查，鄂伦春族血缘婚配率直线下降，黑龙江省新生民族乡鄂伦春族血缘率由 1986 年 9.57%下降到 0.68%，新鄂民族乡鄂伦春族血缘婚配率由 1986 年的 10.99%下降到 1.05%，内蒙古自治区鄂伦春自治旗鄂伦春族血缘婚配率下降到 0.81%。由于婚姻半径的扩大，本民族内青年男女结婚人数的大幅度减少，"团结户"骤增，血缘关系越来越远，导致纯鄂伦春族人口大量减少。据内蒙古自治区鄂伦春自治旗人口计生局统计，在 2144 名登记鄂伦春族人口中，双方父母均为鄂伦春族的只有 602 人，仅占调查人群总数的 28.07%。这一情况表明，鄂伦春族已经走出了血缘婚配的沼泽地，踏上了现代婚育文明的幸福之路。

四、热闹非凡的婚姻仪式

历史上，鄂伦春族婚姻均由父母包办。婚姻的缔结，包括求婚、认亲、过彩礼和结婚四个主要程序。

求婚。鄂伦春族在定居以前，一般男子到 15～16 岁，女子到 14～15 岁，父母就要为他们张罗婚事。求婚由男方提出，男方父母看中了

某家的姑娘，便托媒人到女方说亲，也就是求婚。

认亲。在求婚成功后，媒人要陪伴男方的母亲和其他亲戚组成“亲友团”，带着白酒、野猪肉到女方家去认亲。男方家的男子要给女方“亲友团”中的长辈磕头，唯不给准岳父母磕头。认亲的当天晚上，男方可以留在女方家，睡在女方家仙人柱左侧的“奥路”铺上，由姑娘的姐姐或兄嫂等人为他们铺被褥。睡前新娘、新郎共用一双筷子，合吃一碗“老考太”，以示同甘共苦，百年偕老。同房 10 天、20 天以至个把月不等。所以鄂伦春族有“儿生未嫁”的说法。

过彩礼。男方家在娶亲前要给女方家人送去彩礼。彩礼一般是 2～3 匹马、两桶酒、两头野猪。当然家庭富裕，彩礼也可以水涨船高，过彩礼时未婚夫妻仍然可以同房。

迎亲和结婚。在举行婚礼的前几天，男方及其兄弟姊妹要到女方家迎接新娘。结婚之日，新郎新娘要穿精心缝制的狍皮衣着，新郎戴富有民族特点的狍头皮帽。新娘的发辫卷至头顶，象征已婚。作新房的“仙人柱”布置一新，用对出花纹的狍腿皮褥铺床，绣着云纹的狍皮被摆在床铺的一头。床铺的里侧摆放着用桦树皮精制的箱子和针线盒。

新郎要在结婚的前一天回到自己的“仙人柱”。结婚之日，新娘由舅舅、伯伯、叔叔和兄、嫂等相送。父母给女儿的陪嫁，有马匹、皮被褥、皮布衣服、桦皮箱以及手工工具等，数量多少，就要看家庭能力了。送亲的队伍有说有笑，浩浩荡荡地前往男方家。

送新娘的队伍快要到男方“乌力楞”时，新郎率领本氏族的兄弟们要出来远迎。两队人马相遇时，迎亲者表示要接走新娘，送亲者则加以阻拦。最后两队人马簇拥着新郎新娘，快马加鞭，奔向男方的“乌力楞”。到“乌力楞”后，男方父母要向前来送亲的新娘的舅舅、伯伯和叔叔等敬酒。

鄂伦春婚礼

当主人把所有男女双方的宾客让至座位上后，新郎新娘开始拜天地，两人面朝正南方向磕头，然后由新娘拜公婆及男方的长辈亲友，最后新娘走出“仙人柱”。

接着酒宴开始，把预积的干柴点燃，来宾围着篝火而坐。主人把酒和肉送至客人面前，席间新郎新娘要给所有长辈磕头敬酒，受拜者一面向新人祝福，一面赠送礼品。酒至数巡，歌声响起，有人还翩翩起舞，热闹异常，直至深夜。

入夜，新郎新娘用一个碗吃“老考太”（黏粥），并用一把刀，吃一盆肉，象征永远亲密，白头到老，永不分离。

最后，由婶娘或嫂嫂给铺床，并看着新人宽衣，直到两人盖着一床被躺下后才放心离去。

新中国成立后，鄂伦春族革除了很多旧的婚俗，父母包办婚姻已被自由恋爱所代替，旧婚礼中那些繁琐仪式和封建成分已改掉，增加的是现代文化元素，不过追求喜庆、欢快、吉祥仍然是鄂伦春族婚礼的主旋律。

五、家庭礼仪和节庆

鄂伦春族是一个重礼仪和礼节的民族。

敬老的礼节。尊重老人和长辈，是鄂伦春族的传统美德。在家尊敬父母，是鄂伦春人评价人品的重要标准。子女与父母分别三日以上

回来时就要请客，以表达对长辈“儿行千里母担忧”的感恩之心。鄂伦春人在外遇上长者，不管认识与否，都要行礼致敬。不论在任何场合，都要长幼有序，落座长者为先，而且坐正席，喝酒先让长者举杯，吃肉先让长者动刀，同行要让长者走在前面。

欢迎和告别的礼节。鄂伦春族待客如宾，不论是本族人还是外族人，只要来到主人“仙人柱”前，主人都会热情欢迎，把客人让到“仙人柱”中坐下，如果客人抽烟，主人要把客人的烟袋接过来装烟，点燃后递给客人。在告别时，客人要用自己的烟袋装烟请在场的人吸，然后才能离去。

询问的礼节。在鄂伦春人家中，如有客人来访，主人要热情招呼客人坐下，寒暄后，首先要询问家人狩猎所得和狩猎运气。比如问客人：“您看到了什么？”意思是在路上看到什么野兽或野兽足迹。“山神赐予您什么了？”即打到什么野兽了。如果是不相识的人，将询问他的氏族，如果年幼，主人可问他的名字，如果客人年轻或主人年轻，都不允许问年长的名字，晚辈问长辈的名字是不礼貌的行为，要想知道对方的名字，一定要讲究艺术，表现的婉转、礼貌。

款待客人饮食的礼节。鄂伦春族家中有客人来访，主人首先是献茶，然后有现成的兽肉也要端上来，客人如果拒绝食用，认为是对主人的极大侮辱。在饮酒时，晚辈拒饮，认为是最有礼貌和教养的。让老年人喝醉，是对他的极大尊敬。

互访的礼节。鄂伦春族在集会期间，几个来自不同“乌力楞”的人把“斜仁柱”搭盖在一起，相互要进行拜访。一般是青年人先相互拜访，然后是青年人拜访老年人，最后老年人才能去回访。

新中国成立后，鄂伦春人的礼节虽然有所简化，但多数礼节仍然保留着。特别是敬老的礼节传承至今，直到现在年轻人见到长者，不论是否相识，都要行请安礼，即使是旗长或旗委书记，也要给长者请

安。但是在年轻人和干部之间或与外族接触时，都是行握手礼了。

鄂伦春族的节庆不多，主要有每年举行的氏族集会、萨满每年春天的祭神仪和春节等。过去春节非常热闹，节前要备足丰富的食品，每人都要制作新的皮衣，愉快地迎接春节的到来。除夕之夜，要把“仙人柱”外的篝火和“仙人柱”内的火塘燃烧得旺旺的，要给诸神烧香，午夜要敬火神，祈求火神保佑全家幸福。最后全家人集中在“仙人柱”中给老人磕头。

晚辈给老人磕头后，开始在“仙人柱”前进行娱乐活动。主要是唱歌跳舞。若岳父家在同一“乌力楞”，要去给岳父家拜年。老人有守岁的习惯，认为这一夜不睡，一年都会精神饱满，这一夜吃饱，一年都会丰衣足食。

大年初一、初二在“乌力楞”中互相拜年，初三到其他“乌力楞”给亲戚拜年。

鄂伦春人的春节，从初一到初五最热闹。在这几天，音乐、舞蹈、摔跤、射箭和赛马等各项活动紧密结合，交错进行，通宵达旦。在节日里，亲朋好友间交往频繁，互相传播文化信息，交流生产和生活经验，对年轻人来说，也是择偶的最佳时机，通过歌舞活动，相互结识和沟通感情，为寻找和谐美满的婚姻创造条件。

目前，传统篝火晚会活动已不多见，摔跤、射箭、赛马活动也逐渐减少，供奉神偶神像、上供叩拜早已销声匿迹了，取而代之的是，在乡村的会议室或文化站里举行文艺晚会，既演唱传统节目，也演唱流行歌曲，有的还跳交谊舞。除夕之夜大多围坐在电视机前收看中央台或地方台的春节文艺晚会，麻将牌不知道什么时候，也居然成为鄂伦春族家庭的娱乐项目。前些年从初一到初五互相之间的拜年，给长辈拜年，并要磕头的传统习俗还很活跃，这几年大多数鄂伦春人也开始电话拜年或发送短信祝福新年快乐。亲朋好友的聚餐会仍然显得十

分活跃。

鄂伦春人非常好客，如有贵客来访，都要列队欢迎到几里地之外，并有下马酒，送别时也要送至几里之外，备有“上马酒”，以表主客离别之情。

第二节 寄托重生的丧葬文化

鄂伦春族的丧葬仪式，既有传统尊老敬老品德的传承，也有不少对神的崇拜，尤其是对人的灵魂不尽和生命的再生充满无限希望。鄂伦春族的丧葬文化是原生态文化的重要组成部分。

一、挂在树干上的棺木

在定居以前，鄂伦春族的葬式主要有树葬（又叫天葬和风葬）、土葬和火葬。早期主要是树葬。葬具有 5 种：一是在葬地找四棵成正角的树，借树杈搭上横木，铺上树枝，将尸体放在上面，用桦树皮遮盖，这是最古老的葬具。二是柳条编的棺材，把棺材架到树上。三是独木棺，即将“大树凿穴殓之，置于高岗树杈上”。四是在地挖坑，用木椽将坑衣和四周镶起来，将尸体放进，上面盖上木椽，后土埋。五是木板做的简单棺材。

鄂伦春族有人过世，由家人给穿好衣服，尸体头朝北、脚朝南停放在原来居住的“仙人柱”中，尸体安放好后，要通知亲友当天要给死者上供，上供时，亲属们要为死者磕头痛哭。亲友到来后，死者的子孙要给客人磕头，长者不还礼，同辈者要还礼。前来吊丧的亲友，如是死者晚辈，要给死者磕头，如果是长者，只给死者鞠躬。死者亲属要跪下陪着哭泣。吊丧来的亲友，一般要带来烧酒、兽肉和衣物等，以给死者上供。

风葬

长者死去，全家要为其戴孝。

过去，鄂伦春人主要是实行风葬，用柳条编一个棺材，把它架在树上或用一树干搭在两树的树杈上，把棺材吊在横杆上。也有实行土葬的，土葬有两种，一是做木棺，掩埋地下；再一是挖坑用椽子把四周镶起来，把死者放在里面然后掩埋。火葬主要是用于患疾病死去的青年人和孕妇。葬地一般选在有山有水的地方。

鄂伦春人认为，人死后在冥阴世界里要生产生活，因此要把生产生活用具放在棺材里殉葬，也有杀马殉葬的。希望死者在阴曹地府也能过上好日子。

二、祭周年盼望重生

鄂伦春人在葬仪中，周年祭最为隆重。在举行周年祭前，死者在“仙人柱”中的铺位一直要照常摆放，表明死者仍然活在亲人心中。举行周年祭时，在此铺位上放个小桌，把亲友送来的礼物摆在桌上，前来参加周年祭的亲友要跪在桌前给死者磕头，死者家属要陪同一起磕头。

这个仪式结束后，家属和亲友带着礼物和死者的遗物，前往葬地。到葬地后，大家围着篝火而坐。夜幕降临后，祭礼开始，同辈人站着，晚辈跪着。主祭人宣读礼单，念到谁的名字，谁答“加”（是），同辈的向死者鞠躬，晚辈的磕头。仪式结束，死者家属中男人开始给亲友

敬酒，敬酒时要双腿跪下递过去，酒过一巡，端上大块手扒肉，大家边吃肉喝酒，边以崇敬的心情，谈论着死者的业绩和美德。过一两个时辰，再宣读一次礼单。到深夜时宣读第三次礼单，然后把葬在树上的棺材抬下来，家属和亲友一起下手拣尸骨，把尸骨放在棺木里，进行土葬。安葬时要烧纸，同时将礼单一起烧掉。在此之后，再喝一会儿酒，周年祭就结束了。这时主人趁宾客酒醉之时，把礼品悄悄地赠给第一位客人，或塞在衣袋中，或系在纽扣上。把吃剩下的兽肉也分给每位客人，让他们带回去享用。周年祭过后，死者的子女也就脱孝了，祈盼死者重生机会的到来。

新中国成立后，鄂伦春族逐步简化了繁复的丧葬习俗，人死后，一般都是换上新衣服，然后用木棺装殓，进行土葬。在棺材和坟前上供。如果是公职人员逝世，一般由单位开追悼会。每年清明节家人都要为死去的人扫墓，寄托哀思。

第三节 被激活的社会细胞

鄂伦春族的家庭在产生和发展过程中，经历了极其复杂而又漫长的变化过程，同时对民族的繁衍产生了极其深刻的影响。

一、“乌力楞”与鄂伦春族的家庭

“乌力楞”，是鄂伦春语“子孙们”的意思，即一个祖先的后裔。早期的“乌力楞”都是由血缘关系的人组成，实际上是一个放大的家庭。后来由于“乌力楞”的血缘关系日渐松散，逐渐被地域关系所代替，成为一种联系各家庭关系的松散组织。

“乌力楞”的成员，不仅包括自己氏族的成员，也包括嫁进来或嫁出去的女方家庭成员，有的只是分居而聚的兄弟。

"乌力楞"与鄂伦春族家庭的姻缘关系十分紧密，比如定居以前，在沾河东岸有杜鲁河"乌力楞"6户，以孟姓为主，外加2户莫姓。孟、莫两姓间是姑表亲属关系；苏木混河"乌力楞"有11户，以莫姓为主；疙疸气河有"乌力楞"4户，以杜姓为主，1户姓吴，吴家是杜姓中一家的雇工；尼日气河的"乌力楞"是一个大户，也是一个典型的传统复合式大家庭，成员有兄弟4人、妯娌3人、父母等。

历史资料比较完整的是黑龙江省呼玛县境内鄂伦春族的"乌力楞"。白银纳地区，有4个"乌力楞"，共35户；十八站地区，有9个"乌力楞"，共53户；奈温河地区，有4个"乌力楞"，共30户；宽河地区，有3个"乌力楞"，共29户；盘古河地区，有3个"乌力楞"，共17户。在一个地域内的"乌力楞"之间有比较紧密的生产和婚姻关系。

鄂伦春族家庭，最基本的生产资料就是一枪、一马、一狗，家庭具有生产、生育、教育、保护、抚养等诸多的功能。家庭中基本成员实行简单的分工，在生产和生活等方面互相照顾，家庭的生命周期没有空巢阶段，代际的划分与年龄没有必然联系，养育子女不仅是成年人的责任，同样也是老年人的责任，特别是老年妇女的责任。赡养老人由家庭成员共同承担，而成年人则负更主要的责任，向老年人提供基本生活资料。老年人也参加家庭的经济活动，儿童很早就参加狩猎生产，并在此过程中学习狩猎知识。

在以家庭为基本生产单位的自给自足游猎经济时期，几个家庭或几个"乌力楞"联合生产，但这种社会联合不是社会化大生产，而是在较低生产力水平下的自然联合，目的是提高狩猎能力，所以鄂伦春族家庭经济的发展和劳动力补充很少通过雇用的形式取得，而是依靠自己的"生产"（生育）或互助的形式来提供。

在游猎经济时期，鄂伦春族家庭承担生活和消费的职能，共同获

取劳动产品，共同消费。在经济上矛盾不突出，因此家庭成员间的关系比较紧密，一般以三代人居多。家庭规模比现代鄂伦春族的家庭规模大，婚后的弟兄及妻子和儿女都可以共同生活在一个大家庭中。这种大家庭形式之所以在较长的时间里存在和发展，主要是鄂伦春族在游猎经济时期生产力水平较低，没有过多的剩余产品，家庭成员消费水平接近，家庭分裂的基本动因不活跃，所以大家庭形式比较稳定。

在游猎经济时期，鄂伦春族居无定址，生活环境恶劣，人口平均寿命不到 40 岁，世代间隔较短。因此，鄂伦春人早婚、早育、早亡现象十分明显。由于人口生命周期处于“三早”循环状态，必然使家庭生命周期短暂。

鄂伦春族妇女在家庭中的地位较低，深受其害，妇女的婚姻完全由父母包办，婚后在家庭中成为丈夫的私有“物”任其摆布，精神上被压抑，生活上受到虐待，加之早婚早育带来的疾病，身体健康状况欠佳。

二、现代鄂伦春族家庭

鄂伦春族定居以后，生产方式和生活方式发生了深刻变化，家庭结构朝着现代核心式小家庭发展。

现代鄂伦春家庭

黑龙江省白银纳、十八站、新鄂、新兴和新生 5 个鄂伦春民族乡的家庭规模呈缩小的趋势。调查显示，六口人以上的大家庭数量甚微，仅占 5.45%，五口人的家庭不到一成，四口人的家庭不到二成，多数为三口之家。然而，在定居以前，家庭规模要大得多。据呼玛县统计，定居初期十八站地区（现划归塔河县）有鄂伦春族家庭177户、731口人，平均每个家庭为4.13人，而1986年时下降到3人。

鄂伦春族家庭结构变化，是社会经济文化发展的缩影，记录着鄂伦春族家庭演变的历史。2011年来自鄂伦春自治旗人口计生局调查的数据是鄂伦春族家庭状况的最新报告：全旗鄂伦春族1021户，2144人，平均每户只有2.1人。有传统大家庭68户，占6.70%，完全型家庭678户，占66.40%，不完全型家庭153户，占15.0%，单身家庭有升高趋势，为117户，占11.46%。

由此可以看出，传统复合式大家庭逐渐瓦解，孩子长大结婚后普遍与老人分居，两代人分居使得父母与子女各自生活的自由度增大，各自有了更多的独立性。但是，子女对父母的关心照顾，父母对孩子的支持和帮助却像一条扯不断的风筝线，越拉越紧。

鄂伦春族单身家庭和不完全型家庭占有一定比例，主要是男性平均寿命低于女性，加之男性意外死亡的比例高于女性，家庭主妇丧偶后，拖儿带女或人到中年，重新组合家庭难度较大。不完全型家庭和单身家庭增多，影响鄂伦春族人口再生产活动的正常进行，这是鄂伦春族最现实的人口问题，也是影响鄂伦春族人口长期均衡发展的潜在矛盾。

三、鄂伦春族家庭发展能力建设

鄂伦春族家庭的发展能力同民族整体素质的提高紧密相关，改革开放以来，鄂伦春族家庭的经济功能步入市场化，生育功能趋向科学化，抚育和赡养功能实现了个性化，教育功能逐步人性化，家庭发展的综合能力明显增强。

（一）昔日的“莫日根”（好猎手）今日的“庄园主”

今日庄园

吴梦生是多布库尔河流域著名的“莫日根”。他13岁开始随父亲翻山越岭进山打猎，从小练就了举枪物倒、百步穿杨的好枪法。吴梦生成家以后，凭着这手好枪法家里日子过得红红火火。

1996年1月23日，鄂伦春自治旗政府庄严地向世人宣布：世世代代以狩猎为生的鄂伦春族刀枪入库，放马耕田。鄂伦春族从此告别猎业，走上了发展农业、工业、旅游业等现代化发展道路，政府这一重大政策改变，对鄂伦春族家庭的经济功能产生了巨大的震动。吴梦生在交出猎枪的那一天，眼睛里流淌出伤心的泪水，他怎么也想不通，没有了猎枪，没有猎物可打，那还算是“莫日根”吗？往后家里的日子该怎么过。吴梦生心理堵得慌，有一种从未有过的失落和恐慌……但是，他毕竟是共产党员，懂得党和人民的利益高于一切，第一个把伴随他半辈子的心爱的猎枪交给了政府。

吴梦生没有倒下，他从零开始，拿出而今迈步从头越的英雄气势，把黑土地当做猎场，联合几家放下猎枪的猎户，创办家庭农场。旗政府得知后，决定扶上马，送一程，给吴梦生解决了32万元无息农业贷款。吴梦生带领7个猎民在荒无人烟的古里乡四平山开垦宜农耕地。他把老伴和小儿子带到农场，安营扎寨、披星戴月地猫下腰干了起来。当年开荒1700亩，全部播种了小麦，秋天收获25万公斤，全部交售给国家，创产值24万元，赢利4万元。

吴梦生迈出了可喜的一步，他把赢利的4万元作为扩大再生产的投资，办起一个小型木材加工厂，对外加工门窗、栅栏等，吴梦生用家庭工业反哺农业，木材加工厂赢利后，他又贷款购置了配套的大型农机具，播种大豆400亩、小麦1000亩，年产42万斤，粮食大丰收，吴梦生想到了发展畜牧养殖，办起了家庭奶牛场。

吴梦生的庄园越办越大，厂房达到500平方米，耕地2000多亩，推土机、拖拉机各两台，汽车两辆，收割机、播种机、耙地机、五铧犁、脱谷机10多台套。吴梦生家发了，他没有忘记贫苦猎民，他把自家39头奶牛折价4万元转让给邻里，又把耕种几年的600亩熟地转让给两个贫困户，并赠送一台小四轮和配套农机具，一年这两户贫困猎民家就翻了身，每户纯收入达到8000多元。

吴梦生懂得“要想富先修路”的道理，他出资40万元修筑道路20多公里，修桥10多座，为猎民家庭经济功能的拓展创造了条件。

吴梦生深有感触地说：现在好了，生活富裕了，不用为吃喝发愁了，有了楼房，有了汽车。有了现代化设备……放下猎枪搞农业，路子越走越宽。

（二）陈明清用爱心架起父母与孩子心灵相通的桥梁

家庭是孩子第一个社会化的场所，父母是孩子第一任教师。在陈明清的心里始终装着鄂伦春族孩子健康成长这件大事。

陈明清是鄂伦春自治旗大杨树第二中学一名普通的心理学教师。23 岁的陈明清大学毕业后两年，刚刚要在事业上大干一场的时候，病魔却意外的找上门来，一张医疗诊断证明——特发性间质性纤维化肺炎，惊呆了陈明清和她的亲朋好友。病魔把这位花季般的姑娘捆绑到了轮椅上。疾病摧残着陈明清的肢体，但意外的使她意志坚强起来。

陈明清从自身和周边人群的成长经历，感悟到家庭教育功能有空白，甚至有误区，父母与孩子沟通存在较大的障碍。她下定决心，用心理学知识在父母与孩子中间架起一座心灵相通的桥梁。在病床上，陈明清以惊人的毅力，刻苦攻读，系统学习了大学心理学全部课程，并考取了执业资格，成为中国首批心理咨询师。

陈明清深深懂得一个好人有天大的本事，就是全身是铁，打出的钉也是有数的，况且自己冷热病在身，行动受限。所以她开始谋划建立知识传播链条，通过造舆论、建队伍、搞调查、编教材、办讲堂、到家访的办法，建立起有 30 名志愿者参与的心理咨询工作队伍和工作机制，然后把一个个链条、一个个环节链条连接起来，形成覆盖鄂伦春族家庭的知识传播网络。

陈明清的愿望实现了，她在病床上编写的“大杨树二中心理教学案例”、“大杨树二中成功教育课程体系”、“心的方向”心理学认知编著得到了教育主管部门和社会广泛认同，心理教学工作在校内外红红火火开展起来了。鄂伦春自治旗人口计生局因势利导，创办了“父母大讲堂”、“家长学校”，请心理学专家和成功家长登台，以事说理，讲述父母与孩子心理沟通的意义和技巧，引导父母当好孩子的第一任教师。教育部门把心理咨询纳入了学校家长会的内容，心理教师向家长通报孩子存在的心理障碍，有效地把学校教育和家庭教育衔接一致。

现在，大杨树第二中学心理教师队伍已经发展到 30 多人。是陈明清这块磁铁把大家吸引到一起，是企盼鄂伦春族新生代健康成长的信念把大家聚集在一起……这是一个热情洋溢的群体，这是一个积极向上的团队。没有报酬，只有付出、热爱、奉献，一种心甘情愿快乐其中的执著。这是一个真正自发、自觉、自动的团队，她们经常在一起探讨心理工作的规律，研究家长与孩子之间的心理矛盾，培育鄂伦春族孩子成长的心理环境，总结各种心理课型的模式，规划心理工作前景，憧憬鄂伦春族美好未来。

陈明清在轮椅上渡过了七年，这七年她创造出比神话还神奇的现实。她望着鄂伦春族孩子那一张张淳朴而妩媚的笑脸，心里乐开了花。她安详而眷恋地走了……那天傍晚，天空出现一道彩虹。鄂伦春人说，那是明清老师用爱心编织的一条光彩人生大道。

（三）“黑又亮”让家庭生活亮了起来

在鄂伦春族祖居地——小二沟，提起“黑又亮”众人皆知。“黑又亮”是鄂伦春人对孟林光的爱称。孟林光 40 多岁，是鄂伦春莫日根的后代。孟林光是踏着改革开放的脚步长大的。新婚后的孟林光焕发出无穷的生机和活力。他刚刚度完蜜月，便告别爱妻踏上了学艺之路，到镇农机培训班学习农业机械。孟林光从小跟父亲摆弄枪支弹药，对机械拆装有兴趣，学起农机具很顺手。他不怕脏、不怕累，胆大心细，经常从师傅手里抢下活计争着上手干，师傅带这样的徒弟非常高兴，孟林光实践的机会自然多了起来。一个月的速成培训班把孟林光带进了农机乐园，他以优异成绩拿到了绿色证书。

有了掌握农机具的本事，孟林光如虎添翼。利用党的惠农政策，购买一台 802 链轨拖拉机、重耙、犁和播种机等配套农业机械，开始向百里大川进发，开垦 750 亩耕地，全部由自己耕种。农忙时小两口就睡在机车的驾驶室。十年艰辛，勤奋耕耘，收获了幸福和希望。

孟林光三口之家，正常年景种粮收入都在 8 万元以上，家里的钱袋子鼓了起来。但两口子不铺张浪费，不该花的钱一分不花，该花的

钱大大方方地去花。2009 年，有人出 10 万元租他家的地，小两口硬是没应，结果因夏涝颗粒未收，赔了 3 万多元。孟林光虽然有些心痛，但悟出了道理：家庭农场发展大了，要搞农田基本建设，旱能灌、涝能排，不靠天吃饭才算种田能人。

孟林光依靠科技致富，享受着社会进步的发展成果，建设现代化的温馨港湾，家里购买了一台捷达轿车，一台“战旗”吉普，一台摩托车。室内窗明几净，装饰时尚，开放式厨房，布置得体，家用电器应有尽有。

俗话说“秀才不出门，便知天下事”。孟林光靠 21 寸液晶电脑把自己的小家与大千世界联通，网上收集信息、网上交流沟通、网上交易……

现代科学技术和信息用强劲的音符敲开了兴安大门，打开了鄂伦春的视野，让他们懂得了“家”是一个可以放大的方圆。有文化、懂技术、会经营是无限加长的半径，只要坚持不懈地努力，半径就会不断地加长，家的方圆就越画越大，日子越过越红火，活得越有滋味。

第五章

改革春风暖兴安
鄂乡旧貌展新颜

改革开放的春风吹开了鄂伦春民族地区闭塞的山门。勇敢勤劳的鄂伦春人在党和政府富民政策感召下，踏着时代的节拍，奏响了向现代文明进发的号角。

第一节　黄金古道快马扬鞭

十八站是鄂伦春族在黑龙江省最大的人口聚集点。这个昔日神奇古老的黄金驿站，如今乘着改革开放的春风，以优惠的政策、宽松的环境、诚恳的态度、良好的信誉、富庶的资源，满面微笑，张开了双臂欢迎投资商和建设者。沉睡半个多世纪的黄金古道，到处是欢声笑语，机器轰鸣，他们按照黑龙江省委提出的“八大经济区”发展战略，以生态功能区建设为主旋律，科学定位、积极推进“林木产品深加工、生态农业及旅游、矿业开发、绿色食品、兴安北药和特色养殖”六大产业的发展，步入了民族经济高速发展的快车道。

古老神奇的黄金驿站旧貌换新颜，成为镶嵌在黄金之路上一块无价的瑰宝。

一、欢歌笑语筑建工业园

2009年金秋，枫叶红了，十八站地区比过年还热闹，人们欢歌笑语聚集到工业园区，在人群中最抢眼的是身着民族盛装的鄂伦春马队，他们是专门为工业园区开张助兴表演的。

国际上处于领先位置、中国自主研发的、具有知识产权的创新技术CDSN脱硫剂，即干法脱硫工艺技术，在工业园区落地，符合大兴安岭生态功能区发展低碳经济和循环经济的目标定位。

30万吨脱硫剂项目是十八站林业局和青岛海诺斯集团合资建设的。项目总投资13亿元，分二期工程，一期工程投资2.29亿元，年产脱硫剂5万吨，2010年9月投产……塔河县长和青岛海诺斯集团副总裁把这一振奋人心的喜讯向参加庆典活动的人群发布后，全场沸腾，千只信鸽，五彩缤纷的气球飞向蓝天，66名鄂伦春族汉子骑着灰棕两种颜色的猎马，做抢羊表演，为庆典活动助兴，把30万吨脱硫剂项目奠基仪式推向高潮。

人们不肯散去。三三两两在一起交流、议论。十八站、塔河的人祖祖辈辈都没有看到过13亿元的建设项目会在自己的家乡落地，“13亿元，这不是全国每人平均一块钱吗?！这个数字太吉祥了!”于是，有人放声高唱：

鄂呼兰、德呼兰；
喂！我们高兴地跳起来吧！
看啊！天空上美丽的鸽群在飞舞着，
大地上的万物在跳跃着，
成群的山猴也在愉快地跳着，
看啊！在高山底下的草甸子上，连萨满也跳起来了。

鄂呼兰、德呼兰，

喂！我们高兴地跳起来吧！
看啊！在广阔的兴安岭上哟，
出现了一条弯弯曲曲的小河，
在这河边湿润的土地上哟，
我们能够找到很多宝藏！
……

大家兴奋得手拉手，围成一个圈子边唱边跳了起来。

一年过后，还是枫叶红了那天。山脚下这块荒原上有十几栋宽敞明亮的厂房拔地而起，一期年产5万吨脱硫剂正式投产。但是，人们惊奇地只见厂房、机器和工人劳作，只见到产品，却看不到浓烟和污水排出。厂长的一句话，解开了大家的疑惑：科学技术改变了生产方式，在生态功能区上项目，更要先进，更要环保。

二、唤醒沉睡百万年的宝藏　地下异彩映辉

十八站鄂伦春民族乡有丰富的矿产资源，主要有铁、钢、岩金、铜铅锌、钛等，已取得布岭东山钛矿和内查拉班河多金属矿的探矿权。在查班河439铁矿经过初勘，探明储量为600万吨，已获得采矿权。

这一信息发布后，有实力、有诚意的企业瞄准了十八站铁矿的开采权，开发者纷至沓来洽谈，投资竞标的前期准备工作正紧张而有序地进行。

十八站欧浦煤矿是一个埋藏很浅的露天煤矿，已探明储量一亿多吨。欧浦煤矿的褐煤是脱硫剂，腐殖酸和复合肥生产的最佳原料煤，经中国腐殖酸工业协会腐殖酸质量检验中心检测，十八站风化煤中腐殖酸含量高达75%以上，并且化学活性较好，具有良好的加工性，适合生产加工腐殖酸系列产品。

在欧浦煤矿作业区，展现在人们眼前的是一派勃勃生机，机械挖掘机延长了人的手臂，替代了锹镐，铁手以无比强大的动力剥开土层，

直接把“乌金”装进大翻斗车运到生产加工基地。值得高兴的是，开发者有浓重的环境保护意识，随时恢复被破坏的植被，挖掘一块，平整一块，绿化一片，“乌金”采过，“绿色银行”建起。

沉睡在十八站鄂伦春民族乡上百万年的地下矿产资源，在21世纪被勤劳的鄂伦春人唤醒，初级开发呼唤产业链条拉长，呼唤深度开发提高产品附加值。鄂伦春人以极大的热情和纯朴、诚信的民风，正在汇集更多有识之士，前来出谋、出资、出力，使得十八站地上地下异彩辉映。

三、百万株蓝莓繁育基地硕果累累

十八站鄂伦春民族乡不仅地下宝藏得到了开发，地上资源已经转化为经济优势。蓝莓以特有的品质征服了城乡居民。据黑龙江省大兴安岭林管局规划院调查，十八站地区野生蓝莓总储量为1500吨，年经济量930吨，年允采量为893吨。为了使蓝莓产业可持续发展，十八站地区建起了蓝莓繁育基地，每年栽种蓝莓100万株，并与大兴安岭超越野生浆果开发有限责任公司联手建立了加工生产基地，形成了科研、繁育、栽培、采摘、加工、营销一体化的生产模式，蓝莓系列产品已经发展到果干、饮品、酒类三大系列，高档蓝莓酒每瓶价格突破了1万元。

四、野生“五味子”壮大鄂乡北药“家产”

据黑龙江省工程咨询评审中心2007年调查显示，大兴安岭地区呼玛河流域是野生北五味子分布区，较密集区域是十八站鄂伦春民族乡。鄂伦春族具有识别和采摘中草药的技能，在林业专业技术人员的指导下，鄂伦春人掌握了五味子种植栽培技术，通过人工抚育、保护性开发等措施培育出规范的种植基地，并采用先进生产技术和管理方式，现已达到3000亩野生五味子管理区。除了“老天爷”赐给鄂伦春族一份得天独厚的北药“家产”外，十八站地区中心苗圃的药材种植也有相当规模。一串串鲜红的五味子变成一张张票子装进了鄂伦春人的腰包。鄂伦春人兴奋地说：五味子种起来，钱包就鼓起来，生活就会富起来。

五、50万张人造板变废为宝

在十八站鄂伦春民族乡，有一个林木产品精深加工的龙头企业——华驿人造板有限责任公司。2007年，十八站地区立足生态保护，清洁生产的原则，将间伐下来的和次生林改造等杂木变废为宝，成立了华驿人造板有限责任公司。说干就干，当年设计、当年施工、当年投产，体现了大兴安岭战胜高寒禁区的精神。主要产品有细木工板、指接板、建筑模板、多层板、集成板、刨光板等，年生产能力达50万张。这个企业技术先进，是省内建材业知名品牌，积极开发高端市场，以山岭上人的良好声誉在激烈的市场竞争中站稳了脚跟，在产品畅销省内外的同时，也把十八站鄂伦春族的信息传播开来。

第二节　鄂伦春族地区桦树繁茂
桦皮工艺造福鄂伦春人

在鄂伦春民族地区，生长着大片的桦木科植物，白桦、黑桦、黄桦、硕桦等多种桦树。这些生命力极强的速生树木以它优美的外形装点着鄂伦春民族地区，也造福于鄂伦春人。

一、郭宝林与桦皮船

桦树表层柔软而又富于韧性的纤维组织，可以剥离下来，桦树依

桦皮船

旧鲜活，而且还能生长出新的表皮，就像人脱掉衣服一样的神奇。鄂伦春族的祖先在生产和生活实践中发现桦树可以作为加工生活器皿的原料，于是用桦树皮制作弓袋、箭囊、桦皮桶、杯、碗、刀鞘、摇篮、桦皮篓等。祖先的伟大创造彰显了鄂伦春人的智慧。

聪明的鄂伦春人为桦树皮注入了丰富的文化内涵，不断扩大桦皮工艺产品，提升桦皮工艺品的质量，打造桦皮工艺品市场，奇迹般地将桦皮工艺品推向了五湖四海。

65 岁的鄂伦春老人郭宝林是“桦树皮文化传承人”。他在制作桦皮船方面具有非凡的技艺，他的家既是桦树皮工艺制作和宣传的基地，又是桦皮船制造工厂。桦皮船的船体呈梭形，船宽在 1 米左右，长约 5 米。桦皮船，鄂伦春族称为“奥木鲁钦”，两头翘起的骨架是用松木或桦木做成的，船底和船旁是用没有孔洞的大张桦树皮为材料，然后用木钉做连接和加固。这种船可载重 150～200 公斤，而船体自身不过几十斤，一个人就可以扛走。

郭宝林现在一年能做 5～6 条桦皮船，每条船可卖到 5000 元的价位，桦皮船的市场需求量很大，一些专业博物馆和私人收藏家、水上俱乐部、公园等经常发来订单。令郭宝林遗憾的是，大树径的桦树越来越少，树径达到 0.5 米以上的桦树很难找到，限制了桦皮船生产规模的扩大，不能满足市场需求。

作为游猎民族的后代，郭宝林放下猎枪以后，成功地实现了社会角色的转换，率先为鄂伦春猎民发展家庭多种经营做出样子。他 15 岁跟随父亲学制作桦皮船的手艺，几十年下来，经郭宝林手制作的桦皮船上千条。1990 年，由他制作的 6 条桦皮船被北京亚运村迎亚活动展出并收藏，2010 年他制作的桦皮船进入了上海世博会，并作为世界物质文化遗产永远保存。

二、郭宏霞与手工作坊

郭宏霞是典型的鄂伦春妇女，在父亲郭宝林的影响下，她自幼爱上了桦皮加工艺术。在父亲的传帮带下，郭宏霞和丈夫刘林在家里创办了桦皮工艺小作坊。一张张看上去很不起眼的桦树皮在郭宏霞手中经过裁剪、拼接、黏合、刻花，很快就成了一件完美的工艺品。最初，郭宏霞的设计没有图纸，完全靠丰富的想象。现在，她学会了电脑设计，工艺品自然上了一个档次。郭宏霞制作的桦皮工艺品最多的是小桦皮船，要是卖得好，一艘小船可以卖到 200～300 元，不过小船制作技术难度大，夫妻俩忙活三五天才能做好一条小船。所以他们还要做些首饰盒、花篮等工艺简单的物品。

在郭宏霞和丈夫刘林的带动下，全村鄂族家庭几乎都办起了这种桦树皮工艺小作坊，而且形成了产品分工，有的家庭作坊以制作桦皮箱为主，有的则以制作首饰盒、笔筒为主……形成了桦树皮工艺品加工村，产品种类达到了上百种，经济效益可观。一位鄂伦春族小伙子骄傲地指着奇瑞轿车说：我这台车就是靠桦树皮挣来的。

三、白银纳鄂伦春手工艺制品厂

鄂伦春族的工艺品是带有极富民族色彩的纯手工作品，蕴涵着原生态文化的内涵。随着旅游事业的发展，到白银纳乡旅游观光的客人与日俱增，这些工艺品受到青睐，乡政府因势利导，投资 60 万元兴建了桦皮工艺厂，购买了机器，替代了手工印花、烫花技术，把家庭作坊规模化，把手工劳作机械化、自动化，提高了产品的档次。目前，这个厂制作的桦皮箱、桦皮盒、桦皮背包、桦皮凉帽、桦皮模型船、

实用船已经初具规模。他们开拓市场扩大桦皮工艺产品，用桦树皮进行雕刻和绘画，制作出精美的桦皮镶嵌画、故事连环画，桦皮剪纸等高档艺术品。桦树即将成为家居装饰的新材料，走进千百万城市居民家中。

第三节 鄂伦春人的世外桃源

在高度城市化过程中，城市综合征也在不断加剧，许多人在闲暇时都想寻找一个清静之地，回归自然心理愈发强烈。鄂伦春族生活居住的地方恰好给人们保存下来一块“世外桃源”。从 21 世纪初，民族风情游成为了鄂伦春民族地区重要的产业支撑，旅游产品的卖点增加，市场扩大，游客纷至沓来。

一、到鄂伦春那里去“找北”

聪明的人往往也有困惑的时候，人们经常用“找不着北”来形容。但是，到了鄂伦春族生活居住的地方，人们就会头脑清醒，心胸开阔。

在漠河北极村，几棵千年古树架起了村门，把村子与世界隔离开，但来自五湖四海的宾朋又把她与世界连接。走进村子的大门便是另一番情景，三面环山，一面环水，远看在林中，近看在水中。这里有中国正北方的地理坐标，与首都北京的中轴线相连。站在北极地理坐标前，心里豁然开朗，会发出感慨：原来北就在这里！它会让人分辨东西南北，分清是非，发人深省，不虚此行。

北极村是鄂伦春族的祖居地之一，这里的“仙人柱”已经变成了砖瓦结构的住宅。户户开起了家庭宾馆，村子里最早办起家庭旅馆的挂出了“中国最北旅馆”的牌子，以北招揽游客。此景被村民发现，在村子最北头的几家也挂出了“北极最北家庭宾馆”的牌子。在这里，

“北”字成了气候，越北越值钱，“北”字成了品牌。于是“北极第一餐馆”、“北极第一锅”、“北极第一店”应运而生。

北极村因为有北出了名，每年的夏至那天出现白昼，夜里天色见亮，在室外可以打篮球、下象棋，给北极村增加了更多的神奇感，引来了成千上万的探密者。聪明的北极人因势利导，创办了“中国北极光节”。现在，“北极光节”已经成为中国旅游经典产品，越做越大，2010年的北极光节，一个百户的小小北极村却迎来了十多万人，食宿问题难住了村民。这一信息被投资商获得后，看好了北极商机，在距北极村70公里的漠河县城建起了一座可接待12 000人的五星级宾馆。民航开通了北京至漠河、哈尔滨至漠河的航班。缩短了祖国各地与北极村的距离。

在北极村，有一个边防哨所——中国北疆第一哨。如今，作为历史见证和旅游产品保留下来。北疆第一哨对游人开放，神秘的面纱被掀开了，但它的威严依在。人们登上塔楼，中俄界江黑龙江尽收眼底，江北大片土地曾经是中国的领土，是鄂伦春族狩猎和农民辛勤劳作的地方。然而，腐败没落无能的清朝统治者却拱手相让给了沙俄殖民主义者。登上远望塔向北望去，留在心底的悲愤就会聚集成力量，生成为今天祖国强盛的自豪感。

在鄂伦春族居住的地方，向北找到幸福已经成为旅游的主打产品。客人住在鄂伦春族家庭旅馆，吃过早饭，主人就会对客人说，冬天到北方来，不能待在家里，要去找北，找北就是寻找幸福。说完主人会拿出“苏恩”、“额勒开依”（皮衣裤）、“灭塔哈”和“其哈密”（皮帽和皮靴）让客人穿上，然后套上马爬犁，带上几条猎犬，把客人安顿在马爬犁上向北方的密林深处进发。主人边赶着马，边讲述记忆犹新的游猎生活，指引客人们如何判断猎物踪迹，如果幸运的话，猎犬会捕来野兔、野鸡，主人会生起火，为客人烤熟兔肉或鸡肉，美餐一顿。这时，客人就会感受到远离城市喧闹是一种幸福，就会惊奇地发现，

幸福竟如此简单。

二、到鄂伦春那里去纳凉

盛夏全国许多地方像火炉一样烤得人喘不过气来，然而在鄂伦春族居住地区却十分凉爽。鄂伦春族家里不用装空调，只要打开窗户，一丝丝和煦带有凉意的小风从身上吹过，让人舒服至极。

自从鄂伦春族家庭旅馆开办起来后，全国各地成千上万的游客涌向了鄂伦春民族乡。呼吸高负氧离子清新的空气，享受阵阵凉爽的轻风抚摸身躯，还可以品尝到“四大凉”美味——井拔凉水、过水面条、大楂子水饭和凉拌菜。因为鄂伦春民族地区大多是山泉水，而且水质好，没有污染，即使没喝过生水的城里人喝下去也不会坏肚子，凡是到过鄂乡的人，下了车都要争先恐后地喝上一大碗井拔凉水，享受那透心凉的滋味。

鄂伦春族居住的地方是三伏天避暑纳凉首选之地。茂密的大森林是最大功率的天然空调机，一颗颗参天大树犹如一把把太阳伞，把强烈的日光遮挡得严严实实，游客不必担心紫外线的照射，找一块空地挥拍打羽毛球，排球，踢踢足球，也不会有汗水湿透衣襟。运动过后跳到村边的小河洗个澡，男女分开便可的裸浴，回归到大自然中去，远比当年皇帝推崇的承德避暑山庄好千百倍。

傍晚，夜幕降临，人们聚集在江河岸边，点燃篝火，唱起来、跳起来。这时，每个人都会忘记自己的身份、辈分，忘记苦恼和疲倦，向快乐进发，去寻找愉悦。

三、到那里去找鄂伦春民族乡

鄂伦春民族乡虽然地处祖国北部边陲，在大小兴安岭丛林之中。但发达的交通缩短了各地与鄂乡的空间距离，为人们去鄂伦春民族地区创造了快捷、舒适的便利条件。

你可从北京或哈尔滨乘飞机直飞北极——漠河。从漠河乘汽车，七八十公里的车程不到一个半小时便可到达北极村。在那里“找到北”后，可以踏察清朝“老佛爷”眼睛闪光的老沟金矿；探望身陷苦难、含泪而去的美貌歌妓长眠之地——胭脂沟；吸满负氧离子，品尝黑龙江“三花五罗”和绿色山珍，便可恋恋不舍地把脚步移到鄂伦春族聚集地，是坐船沿黑龙江水路而下，还是乘汽车沿黑漠公路南行，任其选择。从漠河出发到达十八站鄂族乡、临近便是白银纳鄂族乡，然后便是新生、新鄂、新兴三个鄂族乡，一字排开。在这条鄂乡风情的长廊，鄂伦春族最后一个萨满给人讲述萨满文化的兴衰；会听到非物质文化遗产传承人讲述桦皮船和“仙人柱”是如何走进上海世博会，让世界了解鄂伦春族；鄂伦春族画家的画室把观光者带进一个神奇的艺术世界；一个个传奇的故事像一束束火把，点燃生命的烈火，燃烧难忘的激情岁月……

你也可以乘火车到达大兴安岭腹地——加格达奇，然后只用半小时的车程便可到达中国唯一的鄂伦春自治族首府阿里河镇，那里居住着多布库尔河、诺敏河、海拉河、甘河等流域的鄂伦春族的后裔。一方水土、一方人，同一个民族，讲述着不同的故事。

以阿里河镇为落脚地，迈开脚步，睁大双眼，有无数好去处，有看不完的好光景，嘎仙洞、小天池、四方山……只要舍得时间，大自然的美景和鄂伦春族的淳朴风情一定会让你有无限的收获。

或者你可以乘飞机或火车到达祖国边陲重镇——黑河市。机场距离市区 10 公里。黑河市与俄罗斯的布拉戈维申斯克市隔黑龙江相望，远看城一座，近看江水城中流，被中俄两国称为“双子城”。办理赴俄旅游签证极为便利，在俄罗斯远东的布拉戈维申斯克市便可以感悟欧洲的风土人情，能亲眼见到沙皇俄国对中国侵略的事实，了解到鄂伦

春族是如何被沙俄从黑龙江左岸驱赶到右岸的，血染黑龙江的惨案，会增强爱我中华的激情，为民族振兴给力。

以黑河市为落脚点，周边游新生、新鄂、新兴三个鄂伦春族民族乡，迎接客人的“下马酒”和欢快的歌舞，让人幸福陶醉。库尔滨河、沾河漂流会激活参与者的细胞，拨动参与者的神经。餐桌野味飘香，让人难以放筷。这里便是黑河至漠河公路的起点，从黑河出发向西北而上，4 个小时便可到达白银纳鄂伦春民族乡，继续前行，途径十八站鄂族乡，终点便是北极漠河，行程不到 1000 公里。一路在大小兴安岭间穿行，时而沿黑龙江边行进，时而驶过呼玛河，有森林、湿地、河流相伴，春夏风和日丽，鲜花盛开，秋天大地金黄，五光十色，层林尽染，冬季银装素裹，雪树银花，在这里可以找到原生态的景色风光，享受到人与自然和谐相处的情韵。

第四节 土地为伴 收获希望

世代以游猎为生的鄂伦春族下山定居后，面临的严峻挑战如何转变生产方式和生活方式，跟上中华民族整体前进的步伐？聪明、勤劳的鄂伦春人快速作出反应，收起猎枪，铸剑为犁，与土地为伴，发展现代农业，收获着希望。

一、承包种田第一人——莫栓柱

在黑龙江省逊克县提起鄂伦春族莫栓柱，无人不知，无人不晓。他是鄂伦春族老一代中“百发百中”的枪手，是名老护林队员。1985 年，新鄂乡刚刚推行家庭联产承包责任制就遇到了阻力。鄂伦春族祖祖辈辈以游猎为生，对耕种土地十分陌生。下山定居后，大多数鄂伦春男性在护林队工作，骑马背枪守护山林，土地由生产队经管，不必操心。

土地承包到户后，难倒了许多鄂伦春族弟兄，正当众人犯难时，莫栓柱第一个站了出来，用握惯了猎枪的那双健壮的手拍了拍胸脯说：鄂伦春人天不怕，地不怕，七尺高的汉子怎么能让种地吓破了胆！我带头承包。

莫栓柱说干就干。当年他跟妻子拣回弃耕的150亩地，又承包了150亩，合计耕种300亩。莫栓柱到县城新华书店买回几本关于种地的书，向书本学。吃完晚饭，放下碗筷就到同村有种地经验的汉族朋友家“拜师”，登门学。通过一段摸索，莫栓柱悟出点道理，种300多亩地靠锹镐的原始耕种模式肯定不行，要干就得上机械，让机械手代替人手。于是，莫栓柱和妻子商量，购买了翻地、播种、除草、收割配套农机具，把机耕队的师傅请到田间当“教练”，莫栓柱当起了学生。在农经站技术员的指导下，他又学会了使用农药和化肥。两年下来，莫栓柱成了种田能手，黄豆亩产达到250斤，300亩地打了75 000斤。莫栓柱家的院子里堆起400多麻袋黄豆，跟房子一般高，他家成了村子里第一个“万元户”。

莫栓柱种地有了本事，腰包也鼓实起来了。他把眼神转移到那些种地犯愁的本族同胞。谁家的地撂荒了，他就把机车开到谁家地里，代耕、代种、代管、代收，把粮食装成袋卸到主人家的院子里，莫栓柱分文不取。他的真诚义举感动得大家热泪流淌，纷纷行动，有位鄂伦春族兄弟说得好，我们不能躺在莫栓柱的身上，只看不干，只说不干都不是真把式，要跟着莫栓柱大哥一起干。新鄂村的鄂伦春族家家户户联起手购买农机具，成立了农机合作社。在冰雪消融、大地吐绿的春天，一片片撂荒的耕地、一块块弃耕的土地被勤劳的鄂伦春人播撒下希望的种子；盛夏，农田穿上了嫩绿的套装；深秋，大地一片金

黄，鄂伦春人面带丰收的喜悦，唱起来啦，跳起来啦。

莫栓柱成了新闻媒体追踪的人物，深受群众赞扬的带头人。

二、从黑土地里刨出金疙瘩的杜贵良

据鄂伦春老人讲，在旧中国，鄂伦春族生活十分艰难，最富的人家也只不过有几十匹马，几十条猎犬而已。如今，一个普普通通的鄂伦春人经过几年艰辛创业就拥有千万资产。这个人叫杜贵良，他凭借聪明智慧，从黑土地里刨出了一块块金疙瘩。

杜贵良的母亲叫莫宝凤，今年 78 岁。莫宝凤自幼能歌善舞，精通鄂伦春族语言和民间艺术，被国家授予非物质文化遗产传承人称号。她有两个儿子，一个女儿，杜贵良是长子。母亲的丰厚文化底蕴，成就了杜贵良的一番事业。

杜贵良从逊克县民族宗教局退休后，耐不住在家闲待的寂寞，开始从亲戚朋友手中承包耕种土地，并且不断扩大规模，到 2007 年，杜贵良经营的耕地达到 300 垧。

有人说，只有在沙子里才能淘出金子。可是杜贵良却不认这个理，他硬要是从黑土地里刨出“金疙瘩”来。他把精力投放到种植上来，研究土地成分，测土施肥，倒茬轮作，研究种子、农时和田间管理……从种地的“白帽子”变成了种田能手。每垧地大豆产量 3600 斤，一年下来就是 108 万斤。2010 年黄豆价格每斤 1.7 元左右，一年下来经营收入可达到 1 836 000 元，纯收入可达到四五十万元。

现在，杜贵良完成了原始资本积累，扩大生产规模，拥有链轨拖拉机 2 台套，大小型轮式拖拉机各 1 台套，挖掘机 1 台套，翻斗汽车 2 台和其他农机具、农用汽车，自己的“坐骑”由猎马换成了“宝马”轿车。腰包鼓了，他又在沾河边建起了度假村，开发民族风情旅游资源。

三、建成现代农庄的吴长启

提起吴长启，鄂伦春人无不竖起大拇指，就连周边地区世代以种地为生的汉族兄弟也赞不绝口。现年61岁的鄂伦春老汉，家住呼玛县白银纳乡玻璃沟屯，20多年前，吴长启借农村改革的春风，承包150多垧耕地，在县乡两级政府的支持下，利用国家惠农好政策，购置了推土机、东方红拖拉机、播种机、收割机等7台套大型农业机械，办起了家庭农场。

吴长启的家庭农场，只有他和他的两个儿子。吴长启既是场长，又是总农艺师，两个儿子既是机械师，又是操作手，父子三人勤奋劳作，不雇工，用现代机械延长手臂和腿脚功能，以一顶百。两个儿子年轻，有文化，农闲时就到县农业技术推广站学习现代农业知识，掌握了农业标准化作业程序和标准，加上父亲多年实践的经验和教训，家庭农场越办越红火。

呼玛县白银纳乡地处第五到第六积温带，无霜期短，吴长启的家庭农场根据农业自然条件，以种植小麦、黄豆为主，科学测土配方，倒茬轮作，选择优良、早熟品种，粮食单产逐年提高。现在，一般年景，小麦每垧可达到7000～8000斤，黄豆可达到3000～4000斤，年收入可达到40万～50万元。20多年下来，吴长启的家庭农场向国家交售商品粮累计9 375 000公斤，相当于为23 437人提供了一年的口粮。

吴长启说起农村改革和党的惠农政策，说起鄂伦春族定居60年的生活变化，止不住喜悦的心情，满脸笑容，指着自家院子堆满的粮食说，这就是最好的证明。吴长启两口子在农村住习惯了，不愿意到县城去住。他两个儿子都在呼玛县城买了楼房，平时住在城里，春播到秋收农忙时才到农场住些日子。

四、多业并举一派繁荣景象

鄂伦春人沐浴着科学统筹发展的雨露，走在阳光路上，捧着金色的收获，腰包鼓实了，脸上乐开了花。土地收入和养殖业收入让鄂伦春族家庭底气十足。十八站鄂伦春族村把 3300 亩耕地对外承包经营，每亩租金 15 元，加上粮食直补 52 元，耕地带给村民收入 22 万元。2008 年，这个村在鄂伦春族家庭中发展养殖户 16 户，养鸡 6000 只，鹅 900 只、羊 50 只、马 20 匹；2009 年养殖户发展到 20 户，养鸡 7000 余只、鹅 800 只。大把大把的票子装进了腰包，鄂伦春人乐得合不拢嘴。

黑木耳栽培栽出生活彩虹。地栽黑木耳作为致富项目敲开了鄂伦春人的家门。2008 年，在十八站鄂族新村建起了占地面积 2000 平方米、年产木耳菌袋 60 万袋的木耳菌厂，打造标准化木耳种植小区 8 公顷，有 36 户鄂伦春族家庭披甲上阵，种植黑木耳 30 万袋，获得可观收入，调动了鄂族群众种植木耳的积极性。2009 年又投入资金 80 余万元，新建木耳菌场 2080 平方米，内设蒸锅室、接菌室、拌料室、培菌室等生产车间，年可生产 120 万袋木耳菌。吸引 60 户鄂族家庭参与种植袋装黑木耳 100 万袋，创产值 200 万元。2010 年黑木耳基地建设面积达到 16 公顷，建蘑菇大棚 50 栋，栽培黑木耳 160 万袋，蘑菇 20 万袋，扶持 70 户鄂族家庭从事木耳养殖，15 户鄂族家庭从事蘑菇养殖，实现增加收入 300 万元。并与哈尔滨中央红集团合作，拓展木耳销售市场，初步形成了产、加、销一体的产业链条。

劳务输出呈现生机。十八站鄂族新村有 60 余人打起背包，登上南下的列车，加入到农民工大军，人均年收入二三万元。

五、利用地理坐标，一村一品创名牌

利用地理坐标，打造农副产品的优质品牌，好货卖出好价钱，提高产品附加值。

黑河市新生鄂族乡成立了“鄂伦春马种群保护合作社”，建起了鄂伦春马繁育饲养场，占地10公顷，饲养繁育鄂伦春族传统种群猎马100匹、役马200匹、肉马400匹、赛马50匹，这个乡还成立了“德才肉牛育肥养殖合作社”和野生动物养殖场，肉牛存栏已达5103头，羊5526只，野猪511头，天鹅和野鸡2000只。鄂伦春民族地区按照“调优种植业、壮大畜牧业、发展旅游业”的思路，形成一乡一业一村一品的产业格局。黑河市新生民族乡2010年架修农田路30公里，为大型农业机械进入生产第一线创造了条件。实施科学种田、彰显科技示范园区作用，落实双高大豆“东农44号”28 000亩，芸豆10 404亩，小麦1801亩，马铃薯400亩。

呼玛县白银纳民族乡大力发展高寒生态农业，推广小麦“垦九十”、“龙麦26”，大豆“黑河34”、“黑河35”、“黑河49”等，播种小麦23 000亩，大豆45 000亩，马铃薯3000亩，其他作物5000亩。

第五节　塞外明珠阿里河

在大兴安岭向南延伸与呼伦贝尔大草原东北的交汇处，有一座新兴的、现代化小都市——内蒙古自治区鄂伦春自治旗驻地阿里河镇。

阿里河镇是现代鄂伦春族的骄傲。在她的脚下，清澈透底的阿里河静静流淌，广袤的兴安林海生长的松柏、白桦、榆树和竞相开放的百合、达紫香、黄花、兰花草像一件件嫁妆，把居住在这里的鄂伦春人打扮得婀娜多姿，妩媚动人。

这里，是鄂伦春族世代生息繁衍之地。短短的几十年，阿里河由猎民安身的小小村落，现已建设成为一座塞外重镇，记录了鄂伦春族由贫穷走向富裕，由愚昧走向文明的历史。

一、城市化为阿里河镇发展插上腾飞的翅膀

城市化是一个世界性的现象，是经济活动在空间上的投影。城镇化一方面是指农村人口不断向城市集中的过程，另一方面是指城市生活方式不断向农村扩散的过程。这种“集中”和“扩散”的过程，也是一个国家或地区工业化、现代化的发展过程。鄂伦春民族地区小城镇建设起步，为民族地区经济社会繁荣给力。

鄂伦春自治旗成立于 1951 年，是我国最早成立的少数民族自治旗。

鄂伦春自治旗驻地阿里河镇位于呼伦贝尔市东北部，大兴安岭南麓，嫩江西岸，东经 121°55′～126°10′，北纬 48°50′～51°25′。北与黑龙江省呼玛县以伊勒呼里山为界，东与黑龙江省嫩江县隔江相望，南与莫力达瓦达斡尔族自治旗、阿荣旗接壤，西与根河市、牙克石市为邻。全旗总面积 59 800 平方公里，是呼伦贝尔市面积最大的旗（市）。地处呼伦贝尔市东北部，大兴安岭东南麓。自治旗境内居住着鄂伦春、蒙古、达斡尔、鄂温克、汉、回、满、朝鲜等 21 个民族，总人口 30 万人，其中鄂伦春族 2050 人，占总人口的 0.7%。

建旗 60 年来，在党的民族政策光辉照耀下，鄂伦春民族和各兄弟民族紧密团结，携手并肩，建设美好家园，不断谱写历史新篇章，实现了三次历史性跨越。

新中国成立后，鄂伦春民族从原始社会末期跨越数个社会形态，直接进入社会主义社会，实现了鄂伦春民族发展史上第一次跨越；1953～1958 年，世代游猎于山林的鄂伦春人下山定居，对猎民实行社

区化管理，猎民生产生活水平得到了极大改善，实现了鄂伦春民族发展史上的第二次跨越；1966 年 1 月 23 日，旗委、政府从保护生态环境，实施可持续发展的战略高度出发，在全旗境内实施“禁猎”，使鄂伦春民族彻底告别了传统的狩猎产业，走上了发展现代产业之路，实现了鄂伦春民族发展史上的第三次历史性跨越。

“十五”期间，自治旗国民经济在面临诸多困难的情况下，充分发挥了城市聚集效应，仍保持了较快的增长速度。2005 年，地区生产总值达到 16.97 亿元，“十五”期间年均增长 15.0%，其中：一产达到 9.13 亿元，年均增长 24.3%；二产达到 2.5 亿元，年均增长 1.9%；三产达到 5.34 亿元，年增均长 11.5%。财政收入完成 8235 万元，财政支出完成 29 455 万元。招商引资完成 2 亿元，年均增长 63.0%；城镇居民人均可支配收入达到 6757 元，年均增长 10.3%；农民人均纯收入达到 2625 元，年均增长 10.5%。牧业年度牲畜存栏达 80.35 万头(只)，年均增长 49.4%；粮食总产量达 32.67 万吨，年均增长 20.2%。2005 年，乡及乡以上独立核算工业企业实现增加值 1.21 亿元，年均增长 46.4%；规模以上工业增加值达 1.1 亿元，年均增长 60.0%。“十五”期间旅游总收入 1237 万元，自治旗被列为内蒙古自治区重点旅游旗县。

通过市场化运作、土地有偿出让和向上争取项目等方式多渠道筹集资金，共完成固定资产投资 10.3 亿元，是建旗以来基础设施建设投入最多，发展最快的五年。交通、通信、电力等基础设施建设逐步完善，城乡面貌明显改观。国道 111 线、省道 301 线贯穿境内，目前全旗公路里程已达 2152 公里，形成了以阿里河、大杨树镇为中心的公路网，全旗已形成了四通八达的交通网络，乡镇通车率达 100%。邮政、电信、广播电视、电力在全旗 7 个乡镇全部开通。

二、改革开放为阿里河持续发展注入动力

改革开放是发展的动力源泉。

在知识经济时代，鄂伦春人深刻认识到知识的重要。于是，提高民族素质的基础教育工程全面展开。全旗现有中学27所，小学91所，教学点37个，在校生41 273人，教职工4005人。实现了适龄人群人人接受教育。教育事业的迅速发展，给鄂伦春族带来无限希望。

改革开放改变了鄂伦春人的思维方式和生活方式，关注健康，增加健康资本存量成为鄂伦春人的新追求。目前，鄂伦春自治旗医疗保健不断进步，地方病防治保健、医药市场管理进一步完善，医疗保险、失业保险、养老保险事业迈出了可喜步伐。全旗现有医疗单位49个，旗县级医疗单位9个，床位1150张，从业人员1850人，旗、乡、村三级医疗卫生防疫网络基本形成。

文化是民族兴旺发达的标志，也是软实力的象征。鄂伦春族在继承和发扬传统文化的同时，吸纳先进文化元素，提升文化软实力，全旗广播电视网络基本形成。富有民族特色的群众文体活动十分活跃，旗乌兰牧骑多次参加国家、自治区文艺汇演，受到普遍赞誉。

鄂伦春自治旗实现了超常规跨越式发展，引来了彰显民族优势的重要战略机遇期。鄂伦春在阿里河这块富庶的土地上，绘制出最新最美的蓝图：以项目攻坚和资源转换为突破口，依托（旗内国有大企业和民营企业）“两轮驱动”，优先推进“两区一带”发展（“两区”：指以大杨树为中心的矿产资源转换和绿色产品加工经济区，以阿里河、吉文为中心的旅游资源开发和能源重化工经济区，“一带”：指以牙林、嫩林铁路为纽带的经济带），着力构建资源转换型能源基地，绿色产品加工基地、旅游资源开发基地，全面推进农牧业产业化、工业化、城镇化进程，努力实现“三个快速增长”（以能源重化工业拉动经济总量快速增长和财政收入快速增长，以农牧业产业化和旅游业大发展促进城乡居民收入快速增长)，建设富裕、文明、秀美、和谐的鄂伦春，实现鄂伦春民族的第四次历史性跨越。

到2010年，地区生产总值突破38亿元，年均增长17.7%。其中第一产业增加值达13.5亿元，年均增长8.6%；第二产业增加值达10.5亿元，年均增长47.2%；第三产业增加值达14亿元，年均增长18.3%；三次产业之比为35.5∶27.7∶36.8。财政收入突破2.5亿元，年均增长18.7%。城镇居民人均可支配收入达到11 200元，年均增长10.7%。农民人均可支配收入达到4250元，年均增长10%。猎民人均可支配收入达到5000元，年均增长10%。

人们高兴地看到，通过大力实施“农牧业产业化、工业化、城镇化”建设，鄂伦春自治旗产业结构趋于合理，实现了优化升级，带动了经济全面发展，城镇居民及农猎民生活条件得到极大改善。

各项基础设施建设基本完善，制约经济发展的瓶颈问题初步得到解决。旗境内公路形成干支相连，四通八达的交通网络格局。城镇功能日趋增强，城乡电网满足经济发展及居民的生产生活需要。

猎区经济得到快速发展，实现由“输血”到“造血”的彻底转变，鄂伦春人抬头挺胸，放歌未来。

三、憧憬未来极目“楚天”舒

早在一个世纪以前，马克思曾经预言：由于交通的极其便利，把一切民族甚至最野蛮的民族都卷到光明中来了。

信息化穿越时代星空，千里万里征途只是瞬息之事。鄂伦春族踏着时代节拍，在信息化的大道上迅跑。大小兴安岭生态功能区规划已经国务院批复，生态补偿机制的建立将为鄂伦春族地区发展给力；鄂伦春族原生态文化的传承与保护将为该地区发展增光添彩；鄂伦春族

地区的自然环境会更加和谐，人气指数更加旺盛。“一带六区”（沿河流域观光带，游客接待区、民俗生活体验区、生态景观区、原始部落文化区、狩猎实战区、高山览胜区）已展开了臂膀，热情拥抱国内外宾朋。

鄂伦春族是能歌善舞的民族，在迎接美好未来的时刻，从兴安密林深处又传来了动人心弦的歌声：

嫩江往北　再往北
这里有个地方特别美
房前是静静的白桦树
屋后是甘河长长的水
黄金古道尽是宝
蓝莓圆啊木耳黑

改革开放春风吹
这个地方就更美
达尔滨湖闪碧波
加漠“天路”穿南北
五谷丰登粮满仓
牛羊壮啊猪儿肥

兴安白桦我的故乡
像一颗明珠镶在祖国边陲
兴安白桦我的故乡
像一幅画卷
铺在鄂族儿女心扉

兴安白桦鄂族的故乡
像一颗明珠镶在祖国边陲
为了你明天更美好
我愿捧出真情，洒尽汗水
待到定居100年
男女老少再举幸福的酒杯

后　记

当我接到《中国少数民族人口》丛书编委会的通知，由我撰写“丛书”鄂伦春族分卷时，心情十分喜悦。1986年，我的处女作“中国鄂伦春民族人口”问世，从那时起，我与鄂伦春族朋友结下了不解之缘。2003年，在鄂伦春族下山定居50周年庆典时，我把这本小书做了修改，填充新的资料和研究成果再版，作为节日礼物奉献给了鄂伦春族朋友，为此感到无比欣慰和骄傲。2013年是鄂伦春族下山定居60周年，我在想能为鄂伦春族朋友做些什么呢？正当犯难之时，中国人口出版社老总陶庆军先生和中国人口学会常务副会长翟振武教授为我创造了条件，使我有了献给鄂伦春族下山定居60周年的礼物。

经过300多个日夜伏案疾书，审读完最后打字稿的清样时，我想起了那些曾经给予我支持和帮助的朋友们。黑龙江省大兴安岭地区人口计生委梁凤英主任率班子全体成员陪我三次前往内蒙古自治区鄂伦春自治旗调查、座谈。鄂伦春自治旗党委常委、副旗长凌云（鄂伦春族）热情接待了我们，阿芳、何文柱、关红英、关秀芳等鄂伦春族专家毫无保留地帮助我查找资料，赠送研究成果，提供重要信息，人口计生局把“鄂伦春族人口发展战略研究”的调研数据，在没有运用的情况下，第一个交给了我，他们表现出的那种大度、无私，实在令人感动！大兴安岭地区人口计生委凤英主任委派姚文君和马丽霞两位班子成员陪我前往十八站和白银纳两个民族乡调研，关怀体贴暖心窝，实在令人感动！塔河县副县长魏云华（鄂伦春族）、民族宗教局局长多美真、人口计生局局长刘淑燕，呼玛县人口计生局孙淑清局长，黑河市人口计生局李前进主任、孟秀云副主任、王刚副主任及几位科长、爱辉区人口计生局杨兵局长等都给予了大力支持！

值得欣慰的是，在赴鄂伦春民族乡调研时，与老朋友关金芬、关金芳、关金红鄂伦春族三姐妹，孟彩梅和孟彩荣姐妹俩（鄂伦春族）久别重逢，喜悦和热泪无法控制，夺眶而出，在她们引领下，拜访了著名的非物质文化遗产传承人、鄂伦春族杰出人物郭宝林、孟彩红、葛长云、画家关桃芳、陈金来，还有幸与鄂伦春族最后一个萨满关扣妮相见，促膝谈心，获得了许多新的信息，对完成创作给予了极大支持。

黑河日报摄影记者邱龙无私奉献出珍藏多年的照片，黑河市、大兴安岭地区人口计生委王刚、李丹、小朴等在电脑上帮助修改文稿，付出了辛苦！

最使我感动的是，黑龙江省人口计生委主任贾玉梅和郑玮钧处长对我完成写作给予了亲切关怀和大力支持，在此，一并表示诚挚的谢意！

今天，将拙著再次呈现于读者，我对各位领导和朋友的感谢之情是文辞不能尽意的。同时更心感不安，因为鄂伦春族没有文字，有关历史资料记载人口数量及变动甚少，尽管本人对鄂伦春族人口研究多年，但由于能力所限，书中少不了有差错之处，恳请广大读者、学者不吝赐教。

2013 年是鄂伦春族下山定居 60 周年，作为鄂伦春族的忠实朋友，

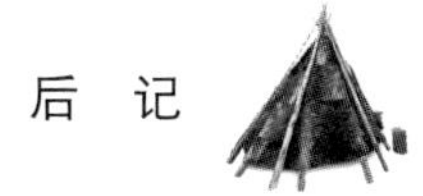

谨以此书作为贺礼，提前献给鄂伦春族父老乡亲。

我相信，笔墨之香会飘洒在大小兴安岭之间，深深印在鄂伦春民族永远的记忆中。

祝鄂伦春民族地区经济繁荣，人民生活幸福！

林盛中

2011年金秋　于哈尔滨·悦山国际

参考文献

1.《鄂伦春族简史》编写组．鄂伦春族简史．民族出版社，2008

2. 王卫华．鄂伦春原生态文化研究．黑龙江人民出版社，2009

3. 林盛中．鄂伦春民族人口．黑龙江人民出版社，2002

4.《中国少数民族社会历史调查资料丛刊》修订编辑委会．鄂伦春族社会历史调查．民族出版社，1984

5. 鄂伦春自治旗史志编纂委员会．鄂伦春自治旗志．内蒙古文化出版社，2011

6. 黑龙江省地方志编纂委员会．黑龙江省志·人口志．黑龙江人民出版社，1996

7. 全国政协文史和学习委员会．鄂伦春族百年实录（上下册）．中国文史出版社，2008